JN411827

수상한 AI 로봇 알로 지형 편

순간 이동 한국 지리

수상한 AI 로봇 알로 지형 편

서민 글 | 한호진 그림

차례

프롤로그

나에게는 남들에게 말 못 할 비밀이 있다. 바로 AI 돌봄 로봇과 지낸다는 것이다. 내가 원한 건 내 말을 잘 듣는 동생이었는데, 갑자기 돌봄 로봇이라니!

동생을 낳아 달라고 떼쓰던 나에게 아빠는 어느 날 로봇 하나를 보여 주었다.

"마루야, 인사해. 아빠 팀에서 만든 AI 돌봄 로봇 '알로'야."

"으응? 돌봄 로봇?"

"엄마 아빠가 바쁠 때 알로가 널 챙길 거야."

로봇 만드는 회사의 연구원인 아빠가 최근에 개발한 돌봄 로봇을

시험 삼아 집으로 데리고 온 것이다.

아빠는 종종 개발 중인 로봇을 집에 데려오곤 했다. 청소 로봇은 기본, 머리를 말려 주는 로봇도 있었고, 전 세계 언어로 책을 읽어 주는 로봇도 있었다.

그런데 알로는 이전까지 만난 로봇들과 사뭇 달랐다. 자유자재로 움직이고 대화도 할 수 있었다. 바쁜 부모님을 대신해서 맛있는 음식도 만들어 주고, 숙제도 봐주었다. 다만 잔소리 기능까지 탑재되어 있는지 매일 내 뒤꽁무니에 따라붙어 종알종알 참견했지만.

“집에 오면 손부터 씻어야지.”

“채소는 안 먹어? 골고루 먹어야 건강해져.”

“약속한 게임 시간이 끝났어. 이제 컴퓨터를 꺼.”

“늦게 자면 키가 안 큰다고.”

그때마다 나는 알로의 말을 들을 수밖에 없었다. 알로의 머리 위에 달린 안테나가 번쩍거리며 무지갯빛 광선을 내뿜는 순간, 신기하게도 다른 장소로 순간 이동을 하니까.

그래서 지금 나는 위기 상황에 처해 있다. 학교에 갈 준비를 하다가 갑자기 하다 만 숙제가 생각났기 때문이다. 쉬는 시간에 마저 끝내면 되는데도 괜히 혼자 찔려서 슬그머니 알로를 쳐다봤다.

"왜? 뭐 필요한 거 있어? 그러고 보니 오늘 숙제는 다 했어?"

귀신같은 알로! 마치 내 마음을 읽기라도 한 것처럼 알로가 나를 보며 수상한 미소를 지었다. 숙제를 끝마치지 못한 걸 들켰다간 또 어떤 잔소리를 들을지!

아니, 잔소리로 끝나면 다행이다. 갑자기 저 안테나에서 빛이라도 뿜어져 나오면? 그 전에 서둘러야 했다. 이렇게 학교에 가고 싶어질 줄이야.

"알로, 학교 갔다 올 테니까 수상한 일 꾸미지 말고 얌전히 있어!"

나는 얼른 현관문을 박차고 나섰다.

힝~

층간 소음 걱정 없이 확 트인 목장으로

‘오늘은 숙제도 없으니 신나게 놀아야지. 앗!’

학교를 마치고 아파트 공동 현관에 들어섰는데 엘리베이터 문이 막 닫히고 있었다. 나는 잠깐만 기다려 달라고 소리치며 전속력으로 달렸다. 다행히 닫히던 문이 다시 열렸다.

“감사합니다!”

기쁜 마음에 큰 소리로 인사했다.

그런데 아뿔싸! 엘리베이터를 열어 준 사람이 하필 아랫집 아주머니라니. 그동안 마주치지 않으려고 애썼는데 오늘은 방심했다. 나는 재빨리 고개를 돌려 아주머니의 시선을 피했다. 하지만 이미 늦었다.

"얘, 너 잘 만났다. 안 그래도 너네 집을 몇 번이나 찾아가려다 참았어! 내가 누누이 말했지? 우리 집에 고등학생 형이 있다고. 공부하는데 방해되니까 제발 좀 뛰지 말라고 했잖니!"

"네네, 죄송합니다. 안 그럴게요."

오늘따라 엘리베이터는 왜 이렇게 천천히 올라가는지. 나는 거듭 사과하며 아주머니의 잔소리가 빨리 끝나기만을 바랐다.

드디어 집에 도착했다. 나는 아주머니 앞에서 삐질삐질 흘린 땀을 닦으며 집 안으로 들어갔다.

"집에 왔으면 잘 다녀왔다고 인사를 해야지. 표정은 또 그게 뭐니?"

문 앞에 서 있던 알로가 엄마의 말투를 흉내 내며 말했다.

"뭐야, 너까지 잔소리야?"

나는 입술을 잔뜩 내밀고 볼멘소리를 냈다.

"무슨 일 있었어?"

"엘리베이터에서 아랫집 아주머니를 만났어. 뛰지 말라고 어찌나 야단을 치시던지. 잔소리 폭탄을 맞았다고!"

"뭐, 그럴 만도 하지. 가끔 너, 신나면 쿵쿵 뛰어다니잖아. 층간 소

-7-
너~ 잘 만났다!
얘~ 아줌마가…
쿵쿵 소리
몇 번 찾아가려다가
참았다!!
우리 집에~
고등학생 형
제발~
뛰지 좀 말라고
주절주절
공부하는 데
방해되니까
이런~
저런~

음, 그거 당하는 쪽에선 아주 힘들어!"

"그래도 좀 억울해! 우리 집이 운동장처럼 넓은 것도 아니고……. 마음껏 뛰어 본 적도 없는데, 엄마 아빠는 발뒤꿈치를 들고 사뿐사뿐 걸어 다니라고 혼내잖아. 내가 발레리노도 아니고 매번 어떻게……."

나는 토라진 어린아이처럼 입술을 삐죽 내밀고 발레 동작을 흉내 내며 투덜댔다.

"쯧쯧, 그동안 쌓인 게 많았구나."

알로가 내 푸념에 공감해 주자 나는 참아 왔던 울분을 터트렸다.

"알로, 나 정말 답답해! 텔레비전에서 봤는데 '알프스 목장'이었나? 푸른 초원에서 양과 소 들이 평화롭게 풀을 뜯어 먹더라고. 그런 곳에서 마음껏 달리고 싶어."

나는 알로의 손을 잡아끌면서 이곳이 '알프스 목장'이라고 상상하며 거실을 달렸다. 물론 발레리노처럼 발뒤꿈치를 한껏 올리고 사뿐사뿐 가볍게 말이다.

이제 곧 거실 바닥 끝에 내 발이 닿으면 질주는 끝날 것이다. 내가 뒤돌아보았더니, 알로의 머리 위 안테나에서 무지갯빛 광선이 번쩍이고 있었다.

맞다! 알로는 그냥 돌봄 로봇이 아니다. 최첨단 AI 로봇답게 오늘도 날 어디론가 데려가려는 것이다. 그렇다면 어디로?

조금 전까지 포근했던 주변 공기가 갑자기 서늘해졌다.

"알로, 너 설마 내가 상상한 그곳으로 날 데려온 거야?"

"맞아! 네가 말한 양과 소 들이 평화롭게 풀을 뜯는 곳!"

"끼아악! 그럼 여기가 텔레비전에서만 보던 스위스의 '알프스 목장' 이야?"

나는 신이 나서 발을 동동 구르며 알로를 껴안았다. 그런데 정신을 차리고 보니 눈앞에 펼쳐진 광경은 확 트인 초원이 아니었다. 경사진 땅 위로 나무가 빼곡했다.

"엥, 여긴 그냥 산 아니야? 마음껏 달리고 싶다고 했지, 등산을 바란 건 아니었다고!"

내가 실망한 얼굴로 노려보자 알로는 어깨를 으쓱해 보였다.

"이곳은 강원특별자치도의 대관령이야."

"강원특별자치도? 그럼 우리나라? 대관령은 또 뭐야?"

"대관령은 강원특별자치도의 강릉시와 평창군 사이에 있는 고개야. 너 혹시 우리 한반도의 땅 모양이 어떤 동물과 닮았는지 알아?"

"당연하지. 호랑이잖아! 앞발을 들고 '어흥' 하며 울부짖는 용맹한 호랑이의 모습을 닮았지."

나는 자신 있게 대답했다.

"맞아. 강원특별자치도는 호랑이의 등줄기에 해당하는 태백산맥을 사이에 두고 동쪽인 영동 지역과 서쪽인 영서 지역으로 나뉘어 있어. 지금은 교통이 발달해서 편리하게 동서를 오갈 수 있지만, 옛날에는 높고 험한 산을 넘어야 해서 쉽지 않았지."

"그러면 각자 자기 마을에서 알아서 살면 되잖아. 굳이 왜 산까지 넘어 다녀?"

"육지에서는 나지 않는 소금이나 생선 같은 수산물을 동해에서 얻기 위해서지. 이렇게 사람들이 오가면서 자연스럽게 산봉우리와 산봉

우리 사이에 낮은 고갯길들이 생겼어. 대관령도 그중 하나인데, 특히 강릉은 영동 지역의 중심이라 많은 사람이 넘어 다녔어."

"헉헉, 그나저나 얼마나 더 올라가야 해? 초원은 언제 나오는 거냐고. 알로는 순 거짓말쟁이!"

알로는 대답 대신 나를 번쩍 안아서 산 정상을 향해 날아갔다. 위에서 보니 계속해서 굽이굽이 이어지는 가파른 길이었다.

"거의 다 왔어. 이제 다시 네가 걸어가."

나는 힘들어서 더는 걷고 싶지 않았지만, 다 왔다는 알로의 말을 믿고 발걸음을 재촉했다.

갑자기 눈앞에 사방이 탁 트인 초원이 펼쳐졌다.

"이야, 말도 안 돼! 우리나라에 이런 곳이 있었어? 진짜 '알프스 목장'에 온 것 같아."

"그래서 사람들이 대관령을 '한국의 알프스'라고 부르지."

"근데 너무 추워. 바람도 많이 불고. 저기 거대한 바람개비 같은 것도 마구 도네."

거침없이 불어오는 바람에 움츠러든 몸이 덜덜 떨렸다.

"해발 고도가 900m쯤 되는 산에 있어서 서늘한 거야. '해발 고도'는 바닷물의 표면을 기준으로 잰 높이를 말하는데, 해발 고도가 높아질수록 기온은 내려가지. 게다가 여긴 바람도 많이 불어서 우리나라에서 손꼽히는 거대한 풍력 발전기들이 설치되어 있어. 좀 전에 네가 말한 거대한 바람개비 말이야."

알로가 미리 챙겨 온 겉옷을 내게 입혀 주며 말했다.

"그런데 높은 산 위에 어떻게 이런 넓은 평지가 있는 거야?"

"그건 바로 대관령이 대표적인 '고위평탄면'이기 때문이야. 사실 땅도 사람처럼 세월에 따라 나이를 먹어. 비바람에 깎여 낮아지다 오랜 세월이 흐르면 평평하고 납작해지지. 그런데 지각 변동으로 땅이 솟아오르면 그 평탄하던 곳이 그대로 산의 꼭대기가 돼 버리는 거야. 그

렇게 산 위에 평지처럼 생긴 지형을 고위평탄면이라고 해."

알로의 설명을 들으며 주위를 둘러보니 양 떼와 젖소들이 한가로이 풀을 뜯고 있었다.

"알로, 이렇게 평평한 땅이면 농사짓기 좋을 것 같은데 여긴 다 목장이네?"

"이곳은 겨울이 길고 여름은 짧은 데다 서늘해서, 다른 평야 지대처럼 논농사를 짓기는 어려워. 대신 땅이 늘 촉촉하게 물기를 머금고 있어서 목초를 키우기에는 아주 그만이지. 기온이 낮아 물이 빨리 증발하지 않는 데다, 동해의 습한 공기가 산에 부딪혀 안개도 자주 생기거든. 게다가 겨울에 내린 많은 눈이 낮은 기온 탓에 천천히 녹으면서

땅을 적셔 주기도 하고 말이야."

눈앞에 펼쳐진 드넓은 초원을 마주하니 다리가 근질거렸다. 그래서 나는 설명을 듣는 둥 마는 둥 하고 들판으로 뛰어갔다.

"야호, 자유다! 여기서는 뛴다고 구박하는 사람도 없고!"

나는 정신없이 뛰다가 데굴데굴 구르기까지 했다. 한참 구르다가 무언가와 쿵 부딪혔다. 고개를 들자 몽실몽실 구름 같은 것이 보였다. 털이 풍성한 양의 엉덩이였다.

"알로, 이것 봐! 양털이 엄청 부드럽다. 몽땅 뽑아서 내 베개로 만들고 싶어."

"음, 털을 잡아당기지 않는 게 좋을 텐데. 동물도 감정이 있어. 그렇게 함부로 만져서 불쾌감을 주면 안 돼."

"좋아서 그러는 건데 뭐 어때. 그리고 순한 양이 화를 내 봤자지."

하지만 나의 이런 대담한 행동은 오래가지 못했다. 순한 줄로만 알았던 양이 갑자기 휙 돌아서더니 콧바람을 씩씩 뿜어 대는 게 아닌가! 그러고는 거칠게 발을 구르며 나를 향해 맹렬히 돌진해 왔다.

"알로, 무서워! 갑자기 왜 저러는 거야? 살려 줘!"

나는 성난 양을 피해 이리저리 도망쳤다. 얄미운 알로는 '어디 한번

당해 봐라' 하는 표정으로 그저 팔짱만 끼고 구경할 뿐이었다. 그런 알로를 흘겨보다가 그만 다리가 꼬여 철퍼덕 넘어지고 말았다. 이제 꼼짝없이 죽은 목숨이구나 싶어 두 눈을 질끈 감았다.

"어린이, 그만 눈 떠! 양은 내가 돌려보냈으니 앞으론 동물을 함부로 만지면 안 돼."

"알았어. 그래도 너무하잖아! 내가 쫓기는 걸 보고만 있냐. 흥!"

물론 내가 잘못한 건 맞지만, 위험한 상황에서 모르는 체하고 있던 알로가 원망스러웠다.

"그래? 난 네가 목마를까 봐 시원하고 달콤한 걸 준비…… 아니, 됐다!"

"뭐가 됐다는 거야? 시원하고 달콤한 거 뭐? 뭔데에에."

자세히 보니 알로가 뭔가를 뒤에 감추고 있었다. 한껏 날이 섰던 내 목소리가 절로 부드러워졌다.

"짠! 바로 여기서 짠 유기농 우유로 만든 우유아이스크림이야."

"와, 알로 최고! 다른 우유아이스크림보다 더 진하고 고소해."

어느새 알로를 향한 원망이 눈 녹듯 사라졌다. 나는 우유아이스크림을 먹으며 엄지척을 날렸다.

"기온이 낮으니 우유 같은 유제품을 신선하게 보관하기도 좋고, 교통이 발달하며 서울 같은 대도시로 내다 팔기도 쉬워졌거든. 그래서 목축업이 더 발달한 거야. 물론, 고랭지 농업도 빼놓을 수 없고."

"고랭지 농업? 아까는 농사짓기 힘들다며?"

"그건 벼나 보리 같은 논농사를 말하는 거고. 여기서 말하는 건 서늘한 기후를 좋아하는 배추나 무 같은 밭농사야."

알로는 대답과 함께 나를 이끌고 목장을 가로질렀다. 층간 소음 걱정 없이 눈앞에 펼쳐진 목초지를 힘껏 달리니 답답했던 마음이 뻥 뚫리는 것 같았다. 어느덧 드넓은 배추밭이 나타났다.

"배추는 덥고 습하면 뿌리가 썩는 병이 잘 생겨서 보통 가을철에 심어. 그런데 이곳은 서늘한 고지대라서 여름에도 배추를 키울 수 있지. 한번 생각해 봐. 다른 지역에서 배추를 구경하기도 힘들 때, 여기서는 싱싱한 배추가 자란다면?"

"더 비싸게 팔 수 있겠네? 수박도 제철인 여름보다 겨울에 더 비싸잖아."

"맞아! 제법인데? 귀한 시기에 나오는 데다 맛까지 좋으니 몸값이 아주 비싸지. 그래서 사람들이 '금배추'라고 부르기도 해."

과연 AI 로봇답게 알로는 설명을 척척 이어 갔다.

"교통이 좋아지면서 대관령은 관광지로도 엄청난 인기를 얻게 됐어. 봄엔 꽃, 가을엔 단풍 구경하기 좋고, 여름엔 워낙 시원해서 피서지로 딱이지. 게다가 겨울엔 스키장 덕분에 사계절 내내 사람들이 북적여."

"정말? 나도 이번 겨울에는 대관령으로 스키를 타러 와야지!"

"좋은 생각이야. 이제 집으로 갈까?"

슈우웅! 요란한 소리와 함께 눈앞이 어두워지더니 발끝에 딱딱한 뭔가가 맞닿았다.

거실 바닥, 도착! 다시 집으로 돌아온 것이다. 확 트인 푸른 초원을 달렸던 감각이 아직 발바닥에 남아 있는 것 같았다. 하지만 여긴 서로 배려해야 하는 아파트. 아쉬움을 뒤로한 채 사뿐히 걸음을 옮겼다.

그런데 무슨 냄새지? 돌아보니 알로가 바쁘게 움직이고 있었다.

"알로, 혹시 라면 끓였어?"

"빙고! 맛있는 고랭지 금배추로 담근 김치랑 같이 먹으라고!"

"안 그래도 배고팠는데, 알로 최고!"

산과 기후가 만든 삶의 풍경

우리나라가 산의 나라라고?

우리나라는 산지가 많아. 국토의 약 60% 이상이 산지로 이루어져 있어. 그래서 어디를 가든 산을 쉽게 볼 수 있지. 한반도에서 가장 높은 산은 백두산이야. 백두산에서 시작한 큰 산줄기는 한반도 동쪽 가까이를 따라 남쪽으로 길게 이어지는데, 이 큰 줄기를 '백두대간'이라고 불러.

백두대간을 중심으로 여러 산줄기가 뻗어 나가며 동쪽에는 태백산맥, 내륙 쪽에는 소백산맥 같은 산지들이 이어져. 높은 산들이 주로 동쪽에 모여 있어서 우리나라의 지형은 동쪽이 높고 서쪽이 낮은 '동고서저'라고 말해.

대관령 고위평탄면의 인기가 점점 높아지고 있어!

사실 대관령은 예전에는 사람들에게 그리 반가운 곳이 아니었어. 산 위로 올라가는 길이 험하고 날씨도 거칠어서 오가기가 쉽지 않았거든. 그래서 이곳에서 농사를 짓는 일도 대개는 큰돈을 벌기보다 살림을 꾸리고 생계를 잇기 위한 경우가 많았지.

그런데 1975년(대관령을 포함한 전 구간 개통) 영동고속도로가 연결되면서 서울·수도권과의 거리가 확 가까워졌어. 또 1960년대부터 고랭지 농업을 본격적으로 연구하며 재배 기술도 널리 퍼졌지. 이러한 변화로 고랭지에서 생산된 농산물을 빠르고 신선하게 대도시로 운반할 수 있게 되어 고랭지 농업이 크게 성장할 수 있었어. 게다가 젖소와 한우를 대규모로 키우는 상업적 목축업도 자리 잡았지. 여기에 스키장과 관광지 개발까지 더해지면서, 대관령은 완전히 다른 얼굴을 갖게 된 거야.

고랭지 농업도 지구 온난화의 영향을 받고 있어!

농업은 기후의 영향을 많이 받는 산업이야. 서늘한 기온에서 농작물을 재배하는 고랭지 농업은 병충해 피해가 적다는 장점이 있는데, 계속되는 지구 온난화로 문제가 생기고 있어. 농촌진흥청에서는 기후 변화의 여파로 2050년대가 되면 현재 고랭지 배추 재배 면적의 97%가 사라질 거라고 내다봤어.

이미 고랭지 밭에서는 배추나 무 대신에 사과나무를 심고 있는 곳이 늘고 있어. 통계청 자료에 따르면, 최근 10년(2025년 기준) 사이 우리나라의 전통적 사과 재배지인 대구·경북에서는 사과 생산량이 25% 줄어들었다고 해. 반면 같은 기간 강원 지역에서는 다섯 배 넘게 늘었지.

우아

산 위의 평야, 고원의 세계

남한산성도 고위평탄면이야!

'병자호란'에 대해 들어 봤니? 1636년 조선 시대 인조 때, 청나라의 태종(홍타이지)이 약 12만 명 규모의 군대를 이끌고 조선을 침입한 전쟁이야. 병자호란의 방어 거점이었던 '남한산성'은 고위평탄면을 이용해서 쌓

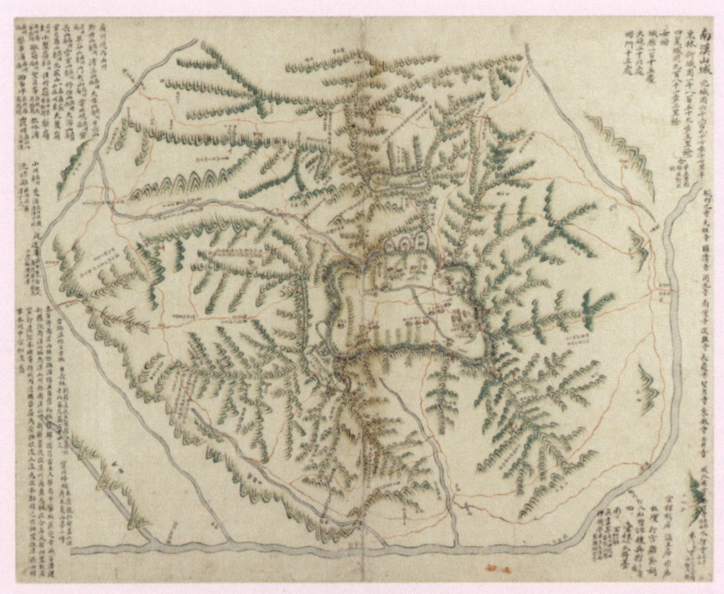

18세기에 그려진 지도첩인 해동지도의 남한산성 부분

은 대표적인 산성이지.

조선의 수도 한양이 위협받자 인조는 남한산성으로 몸을 피했어. 높은 지대에 지어진 남한산성은 사방이 가파른 산비탈과 계곡으로 둘러싸여 방어에 유리했거든. 성안은 비교적 넓고 평평한 땅이라 군사들을 포함한 많은 인원이 머물며 지낼 수 있었지.

한반도의 지붕, 개마고원

'개마고원'은 오래전 백두산의 화산 활동으로 흘러나온 용암이 굳어져 만들어진 용암 대지야. 한반도 북쪽(지금의 북한 지역)에 넓게 펼쳐져 있지. 쉽게 말해 백두산 주변에 자리한 높은 고원이라고 보면 돼. 게다가 해발 2,000m가 넘는 산지들이 곳곳에 솟아 있어서 '한반도의 지붕'이라고도 불려.

개마고원은 위도가 높고 고도가 높은 산지가 많아서 한반도에서 추운 곳으로 손꼽혀. 대한민국의 수도인 서울과 비교해 보면 연평균 기온이 약 10°C 정도 낮고, 겨울에는 그 차이가 15~20°C쯤 벌어지기도 하지. 한겨울에는 기온이 영하 40°C 안팎까지 내려갈 때도 있고, 한여름인 8월의 평균 기온도 18~20°C 정도밖에 되지 않아.

사람이 살기엔 너무 춥게 느껴질 수 있는 곳이지만, 그만큼 자연이 깊게 남아 있는 지역이기도 해. 그래서 개마고원은 야생 동물이 다양하게 서식하는 곳으로 손꼽히지. 너구리, 수달, 반달가슴곰, 멧돼지, 사향노루, 붉은여우 같은 동물은 물론이고, 남쪽에서는 좀처럼 보기 힘든 스라소니 같은 북방계 동물도 서식하는 것으로 알려져 있어.

하늘에 닿은 땅, 티베트고원

'티베트고원'은 히말라야산맥, 쿤룬산맥 등 거대한 산맥들 사이에 자리 잡고 있어. 총면적은 한반도의 약 11배에 달하고 중국, 인도, 네팔을 비롯해 여러 나라에 걸쳐 있는 아주 거대한 고원이야. 평균 해발 고도가 4,000m가 넘어 '세계의 지붕'이라고 불려. 티베트고원의 남쪽 끝에는 세계에서 가장 높은 에베레스트산이 솟아 있고, 중국의 양쯔강과 황허강 등 아시아의 큰 강줄기들이 바로 이곳에서 시작되지.

워낙 높다 보니 산소가 부족하고, 낮과 밤의 기온 차가 매우 심해. 하지만 눈 덮인 설산과 푸른 초원이 어우러진 풍경은 정말 장관이야. 티베트고원에서는 털북숭이 소처럼 생긴 '야크'를 만날 수 있는데, 야크는 무거운 짐을 날라 주고 우유와 고기, 털까지 내어 주는 고마운 동물이야.

티베트고원

이순신 장군은 싸움만 잘한 게 아니라고?

“내 죽음을 적에게 알리지 마라!”

오늘 나는 진로 교육 시간에 존경하는 이순신 장군을 흉내 내며 나라를 지키는 훌륭한 장군이 되겠다는 꿈을 발표했다. 그러고는 멋진 제복을 입은 내 모습을 그린 그림을 자랑스럽게 뽐냈다.

“마루야, 정말 멋지구나. 그럼 꿈을 이루기 위해 어떤 노력을 해야 할까?”

웃는 얼굴로 내 발표를 듣고 있던 선생님이 물었다.

“열심히 운동해서 건강한 몸을 만들고, 각종 싸움의 기술을 익히기 위해 전쟁 게임도 많이 할 거예요!”

난 이미 장군이 된 것처럼 당당하게 말했다. 게임을 많이 하겠다는 예상치 못한 대답에 선생님은 당황한 듯 할 말을 잃었고, 친구들은 배꼽이 빠져라 웃기 시작했다.

"야, 이순신 같은 훌륭한 장군이 되고 싶다며? 일단 공부부터 열심히 해. 싸움은 몸으로만 하는 게 아니라고!"

아이들의 소란스러움을 뚫고 날카로운 목소리가 들려왔다. 이준우! 아는 것이 많아 평소 친구들 사이에서 '이 박사'로 통하는 녀석이었다. 준우의 말에 다른 친구들과 선생님이 맞장구를 쳤다. 순간 내 얼굴이 벌겋게 달아올랐다.

"알로! 알로 어딨어?"

나는 집에 돌아오자마자 알로부터 찾았다.

"무슨 일이야? 얼굴이 붉고, 콧구멍에서 뿜어져 나오는 공기의 흐름이 아주 거친걸. 너, 잔뜩 화가 났구나?"

"글쎄, 내 말 좀 들어 봐. 이순신 장군님이 유명한 건 싸움을 잘해서 전쟁에서 이겼기 때문이잖아! 공부까지 잘했다는 증거 있어?"

난 학교에서 있었던 일을 알로에게 말해 주었다.

전쟁 게임 많이 할 거예요!
휴~
쿡쿡쿡
열심히 공부해! 공부!!

"하하하, 이 박사 말이 다 맞는데? 싸움은 무턱대고 힘으로만 하는 게 아니야."

"뭐야, 너까지! 분명 내가 읽은 이순신 위인전에는 그런 얘기가 없었다고……. 혹시 놓친 부분이 있나?"

나는 재빨리 책장에서 책을 꺼내 이순신 장군의 어린 시절이 담긴 부분부터 빠른 속도로 읽어 넘겼다. 어느덧 일본군과의 전투를 앞두고 바다를 바라보는 이순신 장군의 모습이 나왔다.

그때였다.

분명히 창문이 닫혀 있는데, 어디선가 갑자기 거친 바람이 세차게 불어닥쳤다. 그 바람에 내가 들고 있던 책이 펼쳐진 채 바닥으로 떨어졌다. 그 뒤에는 더 놀라운 일이 일어났다. 책이 점점 커지기 시작한 것이다. 책은 순식간에 방 전체를 뒤덮을 만큼 거대해졌고, 펼쳐진 페이지 속 푸른 바다가 진짜 파도처럼 넘실거리며 우리를 덮쳐 왔다.

"으아악! 알로, 네가 그런 거야? 우리 또 어디로 가는 거야?"

하지만 나의 이런 외침은 갑자기 몰아닥친 파도 소리에 묻혔다.

정신을 차리고 보니 나는 바다를 등지고 서 있었다. 게다가 역사 드

라마에서나 나올 법한 조선 시대 병사의 옷을 입고 있었다.

"척후병들은 다 어딨나?"

어디선가 굵직한 목소리가 들려왔다.

"너야! 여기선 네가 척후병이야. 오늘날의 정찰병이지. 얼른 저기 병사들을 따라가."

알로가 귓가에 속삭였다. 알로는 마치 동화 《피터 팬》에 나오는 팅커 벨처럼 조그마한 모습으로 내 옆을 맴돌고 있었다.

"뭐? 내가 정찰병이라고? 전쟁 중에 적을 염탐하는 그런 병사 말이야? 칫! 이왕이면 장군으로 해 주지."

"거기 너! 안 따라오고 혼자서 뭐라고 중얼거리는 거야?"

앞서가던 병사가 나를 돌아보며 매섭게 쏘아붙였다.

"빨리 따라가. 난 너한테만 보이는 거니까 조심하고. 지금은 1592년 음력 5월이야. 바로 임진왜란 중이지."

"뭐? 그 유명한 임진왜란?"

내가 또 혼잣말을 한다고 생각했는지, 주위의 시선이 따갑게 느껴졌다. 입술을 앙다물고 눈동자를 살짝 돌려 턱짓으로 알로에게 계속 말하라고 신호를 보냈다.

“치밀하게 전쟁을 준비한 일본군은 거침없이 한반도로 쳐들어왔고, 조선은 미리 대비하지 못한 탓에 전쟁 초반 일본군에게 승기를 내주고 말았어. 하지만 지금, 임진왜란의 판도를 뒤바꿀 엄청난 전투를 앞두고 있다고.”

알로에게 물어보고 싶은 말이 많았지만, 자꾸만 나를 흘깃대는 병사들의 눈초리가 무서워 얼른 그 뒤를 쫓아갔다.

도착한 곳엔 배가 한 척 정박해 있었다. 나는 병사들 틈에 섞여 줄을 맞춰 배에 올랐다.

잠시 후, 나는 용기를 내어 옆에 있는 병사에게 슬쩍 말을 걸었다.

"지금 우리 어디로 가는 거야?"

"몰라서 물어? 적이 어디 숨어 있는지 찾으러 가는 거잖아."

그 병사는 당연한 걸 왜 묻냐는 얼굴로 말했다.

"그렇지. 우리가 찾아야 하는 거지. 하하."

나는 애써 억지웃음을 지으며 태연하게 대답했다. 그리고 다른 병사들의 시선을 피해 살짝 뒤돌아선 채로 알로를 향해 나지막이 속삭였다.

“알로, 전쟁의 흐름이 바뀔 중요한 전투라더니 적이 있는 위치도 모른다는데?”

“맞아. 지난 음력 4월 13일, 일본군이 부산 앞바다로 쳐들어와 부산진을 공격했고, 조선은 제대로 맞서지도 못한 채 패배했지. 이어 동래성마저 힘없이 무너지고 말았어. 그때 조정의 출전 명령을 받고 나선 이순신 장군은 일본 수군에 대한 정확한 정보가 하나도 없는 답답한 상황이었어.”

“그럼 대체 어떻게 싸우겠다는 거야? 이러다가 적에게 들켜 우리만 큰일 나는 거 아냐? 그나저나 배가 왜 이렇게 왔다 갔다 하지?”

나는 잔뜩 겁이 나서 다리에 힘이 쫙 풀리고 후들후들 떨려 왔다.

“걱정하지 말고 잘 봐. 지금 우리가 있는 곳은 오늘날의 거제도 앞바다야. 바다와 육지가 맞닿은 해안선을 따라 배가 움직이고 있는 거지. 네 말대로 배가 자꾸 안으로 들어갔다 밖으로 나왔다 하는 건, ‘곶’과 ‘만’이 계속 반복되는 지형이라서 그래.”

“그게 뭔데?”

“‘곶’은 육지가 바다 쪽으로 뾰족하게 튀어나온 곳이고, 반대로 ‘만’

은 바다가 육지 쪽으로 쑥 들어온 곳을 말해. 곶과 만이 반복되면서 들쑥날쑥하다 보니 적이 어디 숨어 있는지, 우리 배가 어디 있는지 서로 쉽게 알아채기 힘들지. 마치 숨바꼭질하는 것처럼 말이야."

"아무튼, 들락날락 정신없어! 해안선이 아주 복잡한 것 같아."

"딩동댕! 남해안은 해안선이 복잡하고 섬이 아주 많아서 '다도해'라고 불러. 지금 우리가 있는 거제도 역시 그 많은 섬 중 하나야. 물론 요즘에는 대교가 많이 놓여서 육지와 연결된 섬들도 많지만 말이야."

알로의 설명을 듣고 나니 바다 여기저기에 흩어진 섬들이 눈에 들어왔다.

바로 그때였다.

"적군을 발견했다. 몸을 낮추고 신호를 보내라!"

우리는 거제도 동쪽 앞바다에서 적선 30여 척을 발견했다. 부산진과 동래성을 차지한 일본군이 배를 해안가에 정박해 두고, 대놓고 마을에서 노략질을 일삼고 있었던 것이다. 우리 배는 화살에 화약통을 단 신기전을 쏘아 올려 근처에 있는 아군에게 적의 위치를 알렸다.

그와 동시에 내 몸이 붕 떠올랐다. 그러나 아무도 나를 보지 못하는 것 같았다.

"어서 포격을 준비해라!"

누군가의 우렁찬 외침이 들렸다. 정신을 차려 보니 어느새 나는 조선 수군의 배 위에 떠 있었다. 아래에는 배를 지휘하는 장군이 보였다. 떡 벌어진 어깨에, 살짝 치켜 올라간 눈매에서 범접할 수 없는 카리스마가 뿜어져 나왔다.

나는 너무 놀라 입을 틀어막으며 알로를 쳐다봤다.

"맞아! 이순신 장군이야. 이곳의 곶과 곶 사이가 좁은 지형을 이용해서 포구 입구를 꽉 틀어막고 공격을 퍼붓고 있어. 이 복잡한 해안선을 전술에 완벽하게 활용한 거지."

"대단해! 지금 우리 수군에게 포위된 적선들이 폭파당하고 있어! 저기 미처 배에 오르지도 못하고 육지로 도망치는 일본군도 있네."

조선 수군의 맹렬한 포격에 적선들이 산산조각 나는 걸 보니, 가슴이 뻥 뚫리는 통쾌함이 밀려왔다.

"바로 이 전투가 임진왜란의 첫 승리를 가져다준 '옥포 해전'이야. 이순신 장군은 기세를 몰아 합포와 적진포에서도 연달아 일본군을 격파하며 승리의 뱃고동을 울렸단다."

"정말 대단해! 알로, 나 좀 내려가게 해 줘. 이순신 장군님이랑 악수

라도 좀 하자!"

나는 알로를 보며 애원했지만, 알로는 못 본 척 내 눈을 피했다.

"어, 어, 어!"

갑자기 내 몸이 어딘가를 향해 빨려 들어갔다. 그러다 워터 파크의 슬라이드 기구를 탄 것처럼 이리저리 꼬인 관을 통과하더니 밖으로 빠져나왔다.

익숙한 이곳은?

다시 내 방이었다.

"알로, 너무해! 내 인생의 롤 모델을 만났는데 말 한마디 못 붙여 보고 오다니."

내가 아쉬움이 가득 담긴 목소리로 말했지만, 그러든가 말든가 알로는 전혀 신경 쓰지 않았다.

"어때? 이순신 장군을 만나고 와서 느낀 것 없어? '옥포 해전'은 절망적이었던 임진왜란의 분위기를 완전히 뒤바꿔 놓은 역사적인 전투야. 자, 그렇다면 이 엄청난 승리를 가능하게 만든 비결은 뭘까?"

알로가 날카로운 목소리로 예리하게 물었다.

"알아, 알아! 이순신 장군님이 이미 그 지형의 특징을 파악하고 있었기 때문이라는 거잖아!"

이제 그 정도는 식은 죽 먹기라는 듯 자신 있게 대답했다.

"오호, 정답! 그러니까 너도 훌륭한 장군이 되려면 싸움의 기술만 익힐 게 아니라……."

"아, 알겠어, 알겠다고! 장군이 되려면 아는 것이 많아야겠지. 그럼 공부를 열심히 해야 할 텐데……. 운동하고 게임하는 것도 바쁜데 공부까지 하려면……. 안 되겠다. 알로, 그냥 내 꿈을 바꿀까?"

우리나라 해안선의 두 얼굴

이순신 장군 승리의 비밀, 리아스식 해안

해안선이 들쑥날쑥 복잡한 지형을 '리아스식 해안'이라고 해. 우리나라 남해안과 서해안이 대표적인 리아스식 해안이지. 이순신 장군은 남해안의 수많은 섬과 좁은 물길, 복잡한 해류 등 지형적 특징을 잘 활용해 전투에서 승리를 거둘 수 있었어.

그렇다면 리아스식 해안은 어떻게 만들어졌을까? 과거 빙하기에는 지금보다 해수면이 약 120m 정도 낮았어. 그러다 후빙기에 기후가 온난해

리아스식 해안 형성 과정

져 해수면이 상승하면서 낮은 지대의 육지는 바닷물에 잠겨 버렸지. 산줄기 사이사이의 골짜기들이 잠겨 '곶'과 '만'이 만들어지고, 지대가 높은 곳은 섬이 되면서 해안선이 복잡해진 거야.

이런 리아스식 해안은 해안선이 꼬불꼬불해서 파도가 세게 들이치지 않아 배가 안전하게 머무를 수 있는 항구들이 발달해 있어. 그리고 섬과 바다가 어우러진 멋진 풍경 덕분에 관광지로도 인기가 많지.

동해의 해안선은 단조롭지만 깊이가 어마어마해!

우리나라 지도를 보면 남해나 서해보다 동해의 해안선이 더 단조로워. 그 비밀은 우리나라의 등뼈인 '백두대간'에 있어. 동해안은 백두대간 산줄기와 나란히 뻗어 산맥이 바다 바로 옆을 따라가니 해안선이 단순해진 거야. 바다 바닥도 얕고 넓게 이어지지 않고 뚝 떨어져서 조금만 나가도 바다가 깊어져.

또 동해안 하면 모래사장이 펼쳐진 해수욕장이 떠오르지? 거친 파도와 바닷물의 흐름이 모래를 부지런히 실어 나르며 쌓아 둔 덕분이야.

우리나라의 해안선 굴곡 변화

바다와 육지가 빚은 특별한 해안들

우리나라의 다도해 해상 국립 공원

전라남도 신안군에서 여수시에 이르는 바다는 해안선이 복잡하고 수많은 섬이 옹기종기 모여 있어. 이 아름다운 경관을 보존하기 위해 '다도해 해상 국립 공원'으로 지정했어. 우리나라의 열네 번째 국립 공원으로, 이곳에만 400여 개의 섬이 있지. 해 질 녘이면 섬 전체가 붉게 물드는 홍도, 검푸른 바다와 기암괴석이 어우러진 흑산도, 남해의 보석이라 불리는 거문도와 백도 등 이름만 들어도 가 보고 싶은 멋진 섬들이 가득하지.

다도해 해상 국립 공원

스페인의 리아스 해안

'리아스(rias)'는 스페인(에스파냐) 북서부의 해안에 '리아(ria, 바다와 만나는 작은 하구)'가 반복적으로 나타나서 여러 개를 뜻하는 복수형 '스(s)'가 덧붙여진 이름이야.

리아스 해안은 스페인과 포르투갈이 속한 이베리아반도 북서쪽에 있지. 반도 북쪽에 발달된 칸타브리아산맥이 대서양과 만나며 생긴 복잡한 해안선이 특징이야.

이곳의 지형과 비슷해서 우리나라 서해안과 남해안을 '리아스식 해안'이라고 불러. 하지만 결정적인 차이점이 하나 있어! 바로 '섬의 개수'야. 우리나라는 산줄기가 바다 쪽으로 길게 뻗어 나가는 형태가 아주 발달했어. 그래서 물에 잠기지 않고 남은 산봉우리들, 즉 섬이 스페인보다 훨씬 더 많단다.

스페인의 리아스 해안

노르웨이의 피오르 해안

유럽 대륙 북서쪽에는 노르웨이와 스웨덴이 자리 잡은 스칸디나비아 반도가 있어. 이 반도 서쪽의 노르웨이 해안선을 보면 좁고 긴 '만'들이 들락날락하며 반복되는 모습을 볼 수 있지. 약 260만 년 전부터 시작된 빙하기 동안, 빙하가 땅을 깎아서 만든 깊은 골짜기에 바닷물이 들어와 생긴 '피오르 해안'이야. 노르웨이에서 가장 긴 '송네 피오르'는 그 길이가 무려 200km가 넘는다고 해!

리아스 해안과 피오르 해안은 어떻게 다를까? 가장 큰 차이는 땅이 깎인 모양이야. 피오르 해안은 크고 무거운 빙하가 땅을 짓누르며 밀고 나갔기 때문에 'U 자' 모양이고, 리아스 해안은 하천이 흐르면서 땅을 깎아 만들었기 때문에 뾰족한 'V 자' 모양이란다.

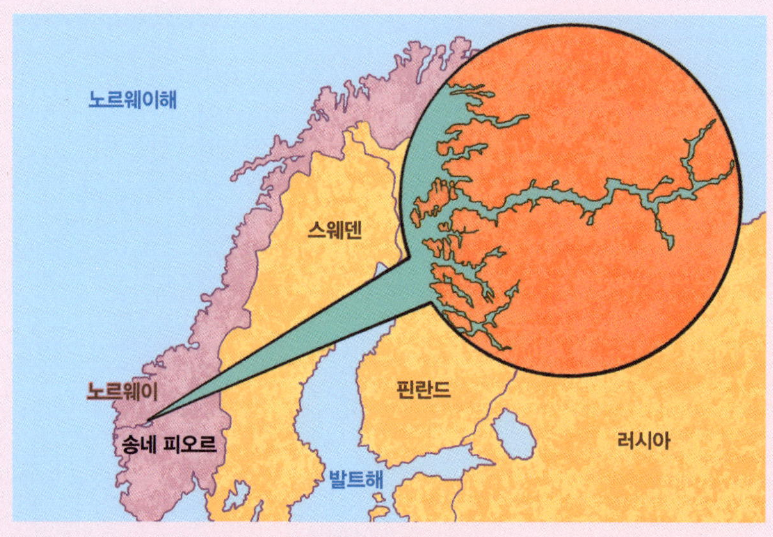

노르웨이 피오르 해안

3장
최고의 밥맛을 찾아, 강 따라 평야 따라

"점심시간이 다 끝나 가는데 밥이 그대로네. 빨리 먹어야지!"

후식을 냉큼 해치우고 밥알을 세고 있던 나는 선생님한테 딱 걸리고 말았다. 맨날 밥, 밥, 밥! 정말 너무 지겹다.

"야, 우리가 공부하느라 얼마나 고생하는데! 점심이라도 치킨, 피자, 탕수육, 짜장면같이 맛있는 음식으로 스트레스를 풀어 줘야 하는 거 아니냐?"

내가 옆자리에 앉은 지훈이를 바라보며 투덜거렸다.

"그러게! 그럼 음식 하나도 안 남기고 진짜 빨리 먹을 수 있는데!"

늘 급식을 한가득 남겨서 혼나기 일쑤인 지훈이도 눈을 반짝이며 맞장구쳤다.

“쓸데없는 소리 말고 밥이나 먹어! 전에 선생님께서 우리 밥상에 음식이 오르기까지 얼마나 많은 사람의 정성과 노력이 들어가는지 말씀해 주셨잖아. 그리고 그렇게 열량 높은 음식들만 계속 먹으면…….”

오늘도 어김없이 이 박사의 입바른 소리가 날아들었다. 나는 이 박사의 말을 끊으려고 대충 고개를 끄덕이며 대꾸했다.

“알았어, 알았다고. 농담이야, 농담.”

국에 밥을 말아 몇 숟갈 더 뜨고 나자 점심시간이 끝났다.

다른 때 같으면 배가 불러서 오후 시간 내내 졸음과 싸울 텐데, 오늘은 어째 정신이 더 말똥말똥해졌다. 그렇다고 공부에 집중이 잘됐느냐? 그건 아니었다. 아무래도 점심을 너무 부실하게 먹어서인지 배가 고파서 혼났다.

“알로, 알로! 어딨어? 나, 배고파! 얼마나 배가 고프던지 5교시에 하품을 한 번도 안 했다니까.”

나는 현관문을 열고 들어서자마자 요란하게 호들갑을 떨었다.

“뭐라고? 점심 먹은 지 얼마나 됐다고 그새 배가 고파? 그보다 네가

......
......
주절주절
주저리
주저리

하품을 한 번도 안 하다니, 그게 말이 돼? 인간은 거짓말을 할 때 이유 없이 눈을 계속 깜빡이거나 코끝이 간지러워 코를 자주 만지게 된다고 했지? 어디 나를 똑바로 봐 봐!"

알로가 나를 뚫어져라 쳐다봤다.

"뭐야! 내가 왜 거짓말을 해? 오늘 점심 급식이 너무 맛없었단 말이야. 맨날 똑같은 밥에다 비슷비슷한 국, 반찬들까지 너무 지겨워. 집에 빵 없어? 아니면 라면이라도 하나 후딱 끓여 줘."

"오늘은 빵도 라면도 안 돼. 배고플 땐 밥이지! 잠깐만 기다려."

"뭐? 지금까지 뭘 들었어? 밥이 지겨워서 안 먹었다니깐!"

알로는 내 말에 대답도 하지 않고 부엌에서 바삐 움직였다.

따져 묻고 싶었지만 배가 너무 고파서 실랑이할 힘도 없었다. 나는 하는 수 없이 알로를 기다려 보기로 했다.

"자, 다 됐다. 일단 한번 먹어 봐. 진짜 맛있는 밥맛이 어떤 건지 제대로 느끼게 해 줄게."

"쳇! 밥이 다 똑같지, 뭐."

"아니야. 이건 명품 쌀로 지은 거야. 아세안 10개국 정상이 모인 만찬 밥상에도 올랐던 귀하신 몸이야. 심지어 아랍 에미리트로 수출까지 성공했다니까!"

그 정도로 유명한 쌀이라고 하니 뭔가 다르지 않을까 싶어 나는 못 이기는 척 식탁에 앉았다.

"우선은 반찬 없이 밥만 입에 넣어서 천천히 씹어 봐."

알로가 밥을 한 숟갈 크게 떠서 내게 내밀었다. 내키지 않았지만 직접 떠먹여 주기까지 하는 알로의 정성을 봐서 입을 크게 벌렸다.

"음, 맛있다! 괜히 명품 쌀이 아니네. 이 쌀이 나는 땅은 뭔가 특별할 것 같아."

"빙고! 어떻게 알았지? 그 유명한 낙동강 삼각주, 김해평야에서 수확한 쌀이야."

맛있는 쌀이 나는 땅이니 다르겠다 싶어 말했을 뿐인데, 알로의 칭찬에 신이 났다. 나는 아는 척을 더 보탰다.

"거기! '낙동강 오리알'로 유명하잖아. 오리알도 있고 명품 쌀도 있고. 근데 삼각주, 그건 뭔데? 삼각형은 왜?"

"뭐? 어이구, 그럼 그렇지."

신이 나서 마구 떠들어 댔더니 결국 잘 모른다는 걸 들켰나 보다.

알로의 머리 위 안테나에서 무지갯빛이 뿜어져 나오기 시작하더니 눈은 레이저라도 쏠 것처럼 이글이글 빛났다. 나는 얼른 도망가야겠다 싶어 일어나다가 실수로 옆에 있던 물컵을 쓰러뜨렸다. 그런데 식탁 아래로 쏟아지던 물이 갑자기 정지 화면처럼 멈췄다. 뒤이어 내 몸이 급속도로 작아지기 시작했다.

물컵보다 훨씬 작아진 나는 쓰러진 컵 끝에 겨우 대롱대롱 매달렸다. 아래로 떨어지기 싫어 손에 힘을 꽉 줬다. 그때, 멈춰 있던 물이 다시 쏟아졌다.

“어푸어푸! 알로, 제발 살려 줘!”

물에 빠진 나는 어딘가로 휩쓸려 갔다.

“어서 내 손을 잡아!”

알로의 목소리였다. 올려다보니 나처럼 작아진 알로가 물에 뜬 나뭇잎 위에 앉아서 손을 내밀고 있었다. 나는 얼른 알로의 손을 잡고 잎으로 올라섰다. 얼마나 작아진 건지 나뭇잎이 마치 커다란 배처럼 아늑하게 느껴졌다.

“여긴 강원특별자치도의 태백이야. 낙동강이 시작되는 곳이지. 경사가 급해서 물이 빠르게 움직일 거야. 꽉 잡아!”

"알로, 나 물에 빠져 죽는 줄 알았잖아! 자꾸 이렇게 예고도 없이 끌고 다닐 거야? 끼아아아아아아아악!"

그 순간 나는 너무 놀라서 오줌이 찔끔 나올 뻔했다. 마치 안전 바도 없는 롤러코스터를 타고 수직 낙하하는 기분이었다. 정신없이 비명을 지르며 내려오니 어느새 물살이 부드러워지고 속도가 줄어들기 시작했다.

"자, 이제 괜찮아. 지금부터는 계속 완만한 구간이라 속도가 점점 더 느려질 거야."

"그나저나 여긴 어디야? 대체 어디로 가는 거야?"

"어디긴. 우린 낙동강을 따라 남쪽으로 흘러가고 있어. 명품 쌀이 재배되는 김해평야를 찾아가는 거지."

"김해평야? 평야는 평평하고 넓은 땅을 말하는 거지? 근데 그런 땅은 어떻게 생겨?"

"평야가 만들어지는 과정은 여러 가지야. 오랜 세월 동안 산이 깎여 평탄해지며 만들어지기도 하고, 강물이 나른 흙이 낮은 곳에 계속 쌓여 생기기도 하지. 심지어 화산 활동으로 만들어진 평야도 있어."

"그럼, 오늘 우리가 가는 김해평야는?"

“김해평야는 낙동강이 싣고 온 흙과 모래가 오랜 세월 동안 강 하구에 차곡차곡 쌓여서 생긴 퇴적 평야야. 충적 평야라고도 하지. 잘 봐. 지금 우리 아래에 있는 흙과 모래도 우리랑 같이 낙동강을 따라 흘러 내려온 거야.”

알로의 설명을 듣고 있는데 갑자기 강폭이 넓어지면서 물이 흐르는 속도가 급격하게 느려졌다. 우리는 밀려 내려온 흙과 함께 서서히 멈췄다. 그러자 눈앞에 넓은 땅이 펼쳐졌다. 우리가 타고 온 물줄기는 몇 갈래로 나뉘어 계속 흘러갔다.

"드디어 도착! 이 일대가 바로 김해평야야!"

알로의 말이 끝나기가 무섭게 나뭇잎이 하늘 높이 날아올랐다. 마치 《알라딘》에 나오는 마법 양탄자처럼! 떠오른 나뭇잎 아래로 낙동강 하류가 한눈에 들어왔다. 여러 개의 섬처럼 생긴 땅이 보였다.

"근데 알로, 아까 김해평야가 삼각형인가 뭔가 하지 않았어?"

"삼각형이 아니라 삼각주! 강물이 바다와 만나는 하구에 다다르면 강폭이 넓어지면서 물살이 느려져. 그러면 강물이 끌고 오던 흙과 모래를 더는 멀리 실어 나르지 못하고 바닥에 내려놓게 되지. 그렇게 흙이 차곡차곡 쌓여 새 땅이 만들어지고, 한 줄기였던 강물은 여러 갈래로 갈라져 흐르게 돼. 이런 과정으로 만들어진 땅을 '삼각주'라고 해.

낙동강 하구의 대저도, 맥도, 명지도, 을숙도 같은 섬들도 삼각주가 자라면서 생겨난 거야. 그리고 시간이 지나며 흙과 모래가 더 쌓이고 섬들이 서로 이어지면서, 낙동강 하구에 넓은 김해평야가 발달하게 된 거지."

삼각주의 형성 과정

"근데 이름이 왜 삼각주야? 삼각형이 생각나서 헷갈리잖아."

"그건 대표적인 이집트 나일강의 삼각주 모양이 그리스 문자인 델타(△), 즉 삼각형과 닮았기 때문이야."

"하지만 여긴 아무리 봐도 삼각형으로 보이진 않는데?"

"맞아. 사실 삼각주는 삼각형 외에 손가락 모양, 은행잎 모양 등 다양한 형태가 있어."

나는 알로의 설명을 들으며 낙동강 삼각주를 바라보다가 의아한 생각이 들었다.

"근데 알로, 우리 명품 쌀을 찾아서 여기까지 온 거 아니었어? 생각보다 논이 많지 않은데?"

"원래 이곳은 김포평야, 나주평야, 김제평야 등과 더불어 우리나라를 대표하는 곡창 지대였어. 삼각주는 땅의 높이가 낮아서 홍수가 나면 피해를 보기도 하지만, 그때마다 영양가 많은 흙이 쌓여 농사가 아주 잘되었거든. 그런데 교통이 발달하면서 부산, 창원, 마산 등 도시들과의 교류가 활발해지자 사람들은 쌀보다 더 큰 이익을 얻을 수 있는 꽃이나 채소 같은 작물들로 바꿔서 재배하기 시작했어."

"아하, 가까운 도시에 팔기 좋으니까?"

"그렇지! 게다가 공장이나 아파트가 들어서는 '도시화'가 진행되면서 농사지을 땅 자체가 많이 줄어들기도 했고."

"아, 그래서 논은 줄어들고 비닐하우스랑 공장이 많이 보였구나."

"맞아. 도시가 커지면서 논이 많이 사라지긴 했어. 하지만 요즘엔 양보다 질! 쌀의 품종을 고급화해서 농가 소득을 올리려 하고 있지."

꽥꽥꽥.

어디선가 들려오는 소리에 고개를 돌려 보니, 오리 떼가 우리가 탄 나뭇잎을 향해 빠르게 돌진하고 있었다.

"으아아악! 알로, 갑자기 웬 오리야? 이러다가 잡아먹히겠어!"

"아까 네가 말한 낙동강 오리네! 청둥오리, 알지? 우리나라의 대표적인 겨울 철새였는데, 지구 온난화의 영향으로 텃새가 돼 버려서 이제는 언제나 볼 수 있……."

"끼아악! 오리 주둥이가 내 엉덩이 바로 뒤에 있어. 살려 줘!"

나는 최대한 엉덩이를 높이 들어 올리며 몸을 앞으로 푹 숙였다.

"아야!"

뭔가 딱딱하고 차가운 것이 내 이마에 닿았다. 식탁 다리였다. 어느

새 나는 부엌으로 돌아와 있었다.

아픈 이마를 문지르며 알로를 노려보자, 알로가 내 입을 막으려는 듯 토마토를 밀어 넣었다. 달콤하고 짭짤한 과즙이 입안 가득 퍼졌다.

"얼른 일어나. 후식은 낙동강 삼각주의 특산물인 대저토마토야!"

"아, 진짜. 맛있어서 참는다!"

깎이고 쌓여 만들어진 평야의 세계

깎여서 만들어진 침식 평야

'침식 평야'는 오랜 세월 비, 바람, 강물 등에 깎여 고도가 낮아지고 평탄해진 땅을 말해. 우리나라 서쪽 지역에서 흔히 볼 수 있는 낮고 완만한 언덕(구릉지)들이 대부분 침식 평야야. 이런 곳들은 물이 잘 빠져서 밭이나 과수원, 목장 등으로 이용되고 있어.

한편, 주변이 산으로 둘러싸인 평평한 땅을 '침식 분지'라고 해. 하천 중·상류 또는 하천 여러 개가 서로 만나는 곳에 발달해 있어. 물을 구하기 쉬워 사람들이 모여 살기 좋다 보니 지방의 중심지로 성장한 유명 도시들이 많아. 강원특별자치도의 춘천, 충청도의 충주, 경상도의 안동과 대구광역시, 전북특별자치도의 남원 등이 대표적이야.

쌓여서 만들어진 퇴적 평야

'퇴적 평야'는 강물을 따라 흘러온 흙과 모래, 자갈 등이 평지에 쌓이면서 만들어진 평평한 땅이야. 대표적으로 선상지, 범람원, 삼각주가 있지.

'선상지'는 상류에서 급한 경사를 따라 흐르던 하천이 갑자기 완만한 땅을 만나서 생긴 퇴적 평야를 말해. 그 모양이 부채를 펼친 것 같다고 해서 붙여진 이름이야. 경상남도 사천의 와룡산 기슭과 전라남도 구례에 있는 지리산의 화엄사 일대가 선상지에 해당해.

'범람원'은 홍수가 나서 강물이 흘러넘칠 때 많은 양의 모래와 자갈 등이 하천 양쪽 기슭에 쌓여서 생겨. 자갈과 굵은 모래는 가까이에 쌓여 자연 제방이 되며, 과수원이나 밭으로 쓰이지. 미세 모래와 점토는 더 멀리까지 옮겨져 습지가 되고 배수 시설을 통해 논으로 이용되지. 큰 하천 주변에는 범람원이 많이 발달해 있어.

'삼각주'는 우리나라에서 쉽게 찾아 볼 수 없는 지형으로, 남해의 낙동강 삼각주가 대표적이야. 삼각주가 만들어지기 어려운 이유는 동해는 바다까지 흐르는 강의 길이가 짧고 파도가 세서 흙이 쌓이기 어렵고, 서해는 밀물과 썰물의 흐름이 강해 실려 온 흙이 쌓이지 못하고 다시 쓸려 가기 때문이지.

문명은 왜 강가에서 피어났을까?

강과 평야 지역을 중심으로 발전한 세계 4대 문명

인류 역사의 시작점이자 인류 발전에 있어 아주 중요한 역할을 한 '세계 4대 문명' 발상지의 공통점은 바로 황허강, 티그리스·유프라테스강, 인더스강, 나일강 같은 큰 강을 끼고 있다는 거야. 강이 범람하며 흙이 쌓여 주변에 기름진 넓은 평야가 형성되었고, 그 덕분에 농업이 발달해 사람들이 모여 살면서 문명이 발전했지.

세계 4대 문명

먼저 중국의 황허강은 '황허 문명'을 만들었어. 홍수가 워낙 잦아서 '중국의 슬픔'이라고 불리기도 했지만, 그 덕분에 농사짓기 딱 좋은 비옥한 평야가 생겨났지. 티그리스·유프라테스강은 '메소포타미아 문명'의 중심지였어. 두 강 사이의 기름진 땅에서 인류 최초의 도시들이 탄생하고 문자가 발명되었단다. 그리고 인더스강 유역에서는 '인더스 문명'이 꽃피었어. 이곳은 놀랍게도 도시를 바둑판처럼 반듯하게 계획해서 건설했어. 벽돌로 집을 짓고, 심지어 그 옛날에 수세식 목욕 시설과 하수도까지 갖출 정도로 기술이 뛰어났지. 이처럼 강과 평야는 단순한 자연이 아니라, 인류가 모여 살며 위대한 역사를 시작하게 해 준 문명의 뿌리란다.

나일강의 삼각주

이집트의 나일강은 길이만 약 6,700km에 이르는 아프리카에서 가장 긴 강이야. 세계에서도 아마존강과 1, 2등을 다툴 만큼 길단다.

나일강 삼각주

흔히 나일강을 '이집트의 젖줄', '이집트의 선물'이라고 부르는데, 그 이유는 나일강의 삼각주와 관련이 크지.

이집트는 비가 거의 오지 않는 사하라 사막에 있어. 그러다 보니 이집트에 사는 사람들과 동물들은 너나 할 것 없이 식수를 찾아 나일강 주변으로 모여들 수밖에 없었지.

나일강은 물이 범람하는 시기가 비교적 규칙적이었어. 여름부터 가을까지 홍수가 나서 들이 잠겼다가, 늦가을 무렵 물이 싹 빠지고 나면 강물에 실려 왔던 기름진 흙이 오랜 세월 강 하구에 쌓이며 삼각주를 이루었지. 이로 인해 농사가 매우 잘되었어. 물론 가끔 가뭄이 들 때도 있었지만 대체로 풍부한 식량을 얻을 수 있었기에 인구가 늘고 도시가 발달했어. 이처럼 이집트 문명의 탄생과 발전을 가능하게 했기에 위와 같은 별칭이 생긴 거야.

4장 진흙 속에 감춰진 보물찾기!

"엄마, 학교 다녀오겠습니다."

"아니, 벌써? 아직 아침밥도 안 먹었잖아."

"괜찮아요, 배 안 고파요. 선생님이 오늘은 절대 지각하면 안 된다고 하셨단 말이에요."

"마루, 너 체험 학습 간다고 너무 들뜬 것 같은데? 아무래도 불안해서 안 되겠어. 알로를 손목시계로 변신시켜서 꼭 차고 가. 또 선생님 말씀 안 듣고 딴 데 보다가……."

"네네, 알겠어요."

나는 엄마의 잔소리가 길어지기 전에 엄마 말대로 했다. 집 밖에서

까지 알로의 감시를 받고 싶지 않았지만 일단 서둘러야 했다.

오늘은 기다리고 기다리던 현장 체험 학습날이다. 나는 가방 속에 간식과 김밥이 잘 들어 있는지 몇 번이나 확인하며 학교로 달렸다. 체험 학습 장소는 전라남도 광양만에 있는 광양제철소다.

"제철소는 철광석이라는 광물을 녹여 강철을 만드는 곳이에요. 우리는 밥을 먹어야 힘을 쓰죠? 그것처럼 공장이나 건물을 지으려면 강

철이 꼭 있어야 해요. 그래서 강철을 '산업의 쌀'이라고 부른답니다. 광양제철소는 우리나라에 두 번째로 세워진 제철소인데, 단일 제철소로는 세계 최대 규모예요."

선생님이 출발 전에 간단히 설명해 주었다.

사진으로만 보던 대규모 공장을 직접 찾아간다니! 평소라면 버스 타자마자 기절해서 잤을 텐데, 오늘은 너무 설레서 하품 한 번 나오지 않았다. 말똥말똥한 눈으로 창밖만 구경하다 보니 어느새 목적지에 도착했다.

"반갑습니다, 친구들! 오늘 안내를 맡은 선생님이에요. 자, 공장 안은 위험할 수도 있으니까 첫째도 안전! 둘째도 안전! 아시죠? 모두 질서를 지켜서 저를 따라오세요."

제철소에 도착한 우리들은 철강 해설사님을 따라 제철소를 둘러봤다. 처음에는 귀가 먹먹할 정도로 시끄러운 기계 소리에 놀라기도 하고, 후끈 달궈진 철이 내뿜는 열기 때문에 땀이 줄줄 흘러 불편했다.

하지만 펄펄 끓는 용광로에서 쏟아져 나온 시뻘건 쇳물이 기다란 레일 위를 미끄러지듯 달려, 차가운 물을 만나 '치이익' 식으며 단단한 강철로 만들어지는 모습을 보고 있자니 입이 다물어지지 않았다. 게

다가 이렇게 만들어진 철판이 우리나라의 자랑인 배와 자동차를 만드는 데 쓰인다니, 눈앞의 쇳덩이들이 황금보다 더 멋져 보였다.

나는 보고 들은 것을 알로한테 말해 주고 싶어서 입이 간질간질했다. 마침 점심시간 이후의 자유 시간에 나는 친구들의 눈을 피해 한쪽 구석으로 가서 알로를 불렀다. 알로가 본래의 모습을 드러냈다.

“알로, 여기 진짜 최고야! 뜨거운 쇳물이 단단한 강철로 바뀌던 모습이 아직도 눈에 선해. 그리고 저기 바다 보이지? 원래는 크고 작은 섬들이 있던 곳인데 간척 사업으로 바다를 메워서 넓힌 땅 위에 이 제철소를 지었대.”

“맞아. 제철소를 짓기 위해 열한 개나 되는 섬을 깎아 내고 바다를 메운 거야. 조용하고 한적하던 어촌 마을에 대규모 철강 단지가 생긴

거지."

"그래? 알로, 전에 우리나라는 섬이 엄청 많다고 했잖아. 그럼 거기도 메우면 우리나라가 훨씬 넓어지는 거 아냐? 여기처럼 공장을 많이 지으면 일자리도 늘어나고 나라도 더 발전하겠다!"

나는 엄청난 비밀을 알아낸 사람처럼 흥분해서 소리쳤다. 그렇게만 된다면, 명절 때마다 '요즘 취직하기가 하늘의 별 따기'라며 한숨 쉬는 우리 백수 삼촌의 걱정도 덜어질 것 같았다.

"안 돼! 그곳엔 갯벌이 있잖아. 사실 한동안은 우리나라뿐 아니라 전 세계적으로 간척 사업을 활발하게 했어. 하지만 이제는 갯벌의 소중함을 알게 되면서 보호하려는 노력을 많이 하고 있지. 심지어 메웠던 바다를 원래대로 되돌려 놓기도 하는걸."

“뭐? 말도 안 돼! 갯벌은 그냥 까만 진흙일 뿐이잖아.”

나는 알로의 말이 도통 이해되지 않았다. 바닷물에 잠겼다 드러났다 하고 질퍽질퍽해서 쓰지도 못할 땅이 뭐 그리 대단하다고. 볼멘소리를 하고 있는데, 알로의 상태가 심상치 않다. 양팔을 옆으로 벌리는 게 아닌가! 그러더니 새가 날갯짓하듯 양팔을 위아래로 흔들기 시작했다.

“알로, 뭐 하는 거야? 응? 따라 하라고?”

내가 묻자 알로가 대답 대신 고개를 끄덕였다. 대체 뭘 하려는 건지 수상쩍긴 했지만 알로를 따라 나도 새처럼 양팔을 휘저었다. 그때 알로가 나를 번쩍 안아 들고는 하늘로 날아올랐다. 알로는 구름 위까지 올라가자마자 나를 확 놓았다.

“아악, 살려 줘! 갑자기 놓으면 어떡해…….”

몸이 아래로 떨어지는 느낌이 나서 나도 모르게 두 눈을 꼭 감고 정신없이 날갯짓했다. 새도 아닌데 내가 이래 봐야 소용없겠지만, 퍼덕이는 것 말고는 달리 할 수 있는 게 없었다.

그런데 내 몸이 떠 있는 느낌이 들었다. 뭐지? 눈을 뜨자 내 옆에서

나란히 날고 있는 알로가 보였다.

“알로, 나 지금 날고 있어! 마치 새처럼…… 아니, 으악!”

‘마치 새처럼’이 아니라 나는 정말 새가 되어 있었다. 이런 마법 같은 일까지 가능하다니, 알로는 대체 정체가 뭘까?

놀라서 넋을 놓고 있는데 알로가 저 아래 산꼭대기의 커다란 나무를 가리켰다.

“정신 차려. 이제 저기에 내려앉을 거야. 잘 따라와.”

나는 이왕 새가 된 거, 좀 더 멋지게 날아서 부드럽게 착지하고 싶었다. 그래서 촐싹대던 날갯짓을 줄이고 나무로 향했다. 날개를 옆으로 쭉 빼고 슬라이딩하듯 아래로! 어, 그런데 멈출 수가 없었다.

"에이그, 하여튼 허세 부리긴. 발로 나뭇가지를 잘 잡으라고."

알로가 떨어지려던 나를 붙잡아 나뭇가지 위에 앉혀 주며 말했다.

"여기는 앵무산이야. 저 멀리 보이는 게 아까 네가 견학한 광양제철소야. 저곳은 원래 바다였어. 1982년부터 바다에 엄청난 양의 돌과 흙을 쏟아부어 메운 거지. 그렇게 만든 땅의 넓이가 자그마치 14.9km^2 정도나 돼. 서울 여의도 크기의 다섯 배나 되는 어마어마한 땅이 바다 위에 새로 생긴 셈이야."

"이야, 진짜 멋지다! 위에서 보니까 더 대단해."

대규모 공업 단지가 웅장한 모습을 드러내고 있었다.

"이제 뒤를 돌아봐. 드넓게 펼쳐진 저곳이 바로 순천만 습지야. 갯벌과 갈대가 어우러진 연안 습지란다. 이렇게 멀리서 바라보면 네 말대로 광양만에 비해 볼품없고 쓸데없는 땅처럼 보이기도 할 거야."

"어, 까만 진흙만 있는 게 아닌데? 저 황금빛이랑 붉은빛은 뭐지?"

"습지에서 잘 자라는 갈대가 황금빛 갈대밭을 이루고, 지역과 시기에 따라 칠면조처럼 색이 변하는 칠면초가 붉은색을 띠어서 그래. 어때, 아름답지?"

"그렇긴 해. 그래도 광양만 같은 데가 더 쓸모 있어 보이는데?"

"날 따라와. 갯벌로 직접 내려가 보자."

알로가 앞장서 순천만을 향해 날아가자 나도 서둘러 날개를 폈다.

"끼아악, 깜짝이야! 갯벌이랑 갈대밭에 새들이 정말 많네."

"뭘 놀라? 너도 새잖아. 이상하게 굴지 말고 가까이 가 봐."

"맞다! 그나저나 난 무슨 새야? 다리도 아주 길고 몸통이 검은 깃털로 덮여 있는데……."

"넌 지금 흑두루미야. 멸종 위기 동물이자 우리나라 천연기념물이지. 네 눈엔 보이지 않겠지만 검고 어두운 회색빛의 몸통과는 달리, 이마와 머리 꼭대기엔 붉은색 피부가 드러나 있고 그 외 머리와 목은 흰색이라 아주 멋져. 가을에 순천만을 찾아와 겨울을 보내는 대표적인 겨울 철새지."

알로의 이야기를 듣고 보니 근처에 흑두루미 떼가 모여 있는 것이 보였다. 난 긴 다리로 성큼성큼 다가갔다.

"못 보던 녀석인데? 넌 누구야?"

어떤 흑두루미가 나를 보고 경계의 눈초리를 보냈다.

“너랑 같은 흑두루미지. 그냥 네가 뭘 하고 있는지 궁금해서.”

“뭘 하긴, 쉬면서 갯지렁이나 게를 잡아먹고 있지.”

“그런 먹이가 어딨어?”

“어딨긴. 여기 갯벌 속에 있지. 갯벌에는 조개, 고둥, 갯지렁이, 게 등등 해양 생물이 바글바글 살아. 알을 낳고, 먹이도 찾고, 완전 시끌

벅적한 곳이라고. 잠깐만, 여기에 통통한 갯지렁이가 있거든. 처음 만난 기념으로 내가 선물할게."

"아냐, 아냐. 난 이미 배불러. 그냥 너 먹어."

나는 깜짝 놀라 하마터면 다시 날아오를 뻔했다. 흑두루미는 갯지렁이를 부리로 콕 집어 꿀꺽 삼키고는 아무렇지 않은 듯 말을 이었다.

"낮에 낟알을 많이 먹었나 보네. 최근 들어 인간들이 좀 달라졌어. 가을걷이가 끝난 논에 볍씨를 잔뜩 뿌려 놓고, 우리가 편히 먹을 수 있게 가까이 오지 못하도록 관리도 하고."

"아, 인간들이 철새를 보호하려고 이런저런 노력을 하는 것 같아."

"어쩐지……. 한동안은 갯벌 여기저기가 개발되는 통에 갈 곳이 없었는데, 예전보다 잘 지켜지는 느낌이야. 덕분에 우리 흑두루미뿐만 아니라 다른 새들도 이곳에 많이 와. 검은머리갈매기도 오고, 운이 좋으면 황새나 저어새도 만날 수 있지."

"우아, 그러고 보니 새가 정말 많다."

"그나저나 내일 또 먹이를 찾으려면 푹 쉬어야지. 안녕."

흑두루미가 인사하며 자기 무리로 돌아갔다. 어느새 내 옆에는 알로가 와 있었다.

"알로, 난 갯벌이 버려진 땅인 줄만 알았어. 그런데 정말 많은 새와 작은 생물들이 살고 있네. 그리고 저녁노을과 어우러진 경치도 너무 멋지다."

"그렇지? 또 갯벌은 바다와 육지가 만나는 곳이라 물을 저장하는 능력이 뛰어나서 홍수 피해를 줄여 주고 바다의 오염 물질을 걸러 내지. 갯벌에 사는 미생물과 고둥, 조개, 갯지렁이 같은 생물들이 물속의 이물질을 분해해 주거든. 우리 몸의 노폐물을 걸러 주는 콩팥과 비슷한 역할을 한다고 해서 갯벌을 '바다의 콩팥'이라고도 불러."

설명을 마친 알로가 내 뒤로 다가오더니 엉덩이를 힘껏 밀었다. 방심하고 있던 나는 그 힘에 밀려 고꾸라졌다.

"뭐야? 갑자기 왜 밀어?"

원망 섞인 목소리로 알로를 노려보며 일어났는데 갯벌은 온데간데없이 사라졌고, 나는 사람의 모습으로 다시 광양제철소에 돌아와 있었다.

"그런데 알로, 갯벌도 중요하지만 광양제철소처럼 간척 사업으로 얻을 수 있는 경제적인 이익도 크지 않아?"

"물론 그렇지. 하지만 간척을 하면 이곳에서 하던 어업이 영향을 받을 수 있잖아. 그리고 갯벌이 해 주던 자연정화 역할도 사라져서 나중에 물 오염이나 홍수 같은 재해로 치러야 할 비용이 커질 수도 있지."

알로의 말을 듣고 나니 갯벌과 간척지 중에 더 중요한 건 뭔지 갑자기 머릿속이 복잡해졌다.

흙과 물이 만나 만든 기적의 땅, 갯벌

유네스코 세계 자연유산에 등재된 우리나라 갯벌

2021년 7월 26일, 우리나라 갯벌이 '유네스코 세계 자연유산'에 등재되었어. 삼면이 바다인 우리나라는 갯벌이 아주 넓어. 유네스코가 인정할 만큼 세계적으로도 손꼽히는 규모와 가치를 지녔지. 해안선이 복잡하고 밀물과 썰물의 차이가 심한 서해안과 남해안에 주로 발달해 있단다. 그중 충청남도의 서천 갯벌, 전북특별자치도의 고창 갯벌, 전라남도의 신안 갯벌과 보성·순천 갯벌, 이 네 곳은 습지보호지역으로 지정되었어.

갯벌에는 멸종 위기종 및 고유종을 포함해 수천 종의 다양한 동식물이 서식하고 있어. 특히 호주와 시베리아를 오가는 철새들에게는 없어서는 안 될 소중한 휴식처야. 먼 거리를 이동하다가 배를 채우고 쉬어 가야 하거든. 그래서 유네스코가 전 세계적으로도 반드시 보호해야 할 자연유산으로 인정한 거야.

습지? 갯벌? 둘의 차이가 궁금해!

습지는 일정 기간 이상 물을 담고 있거나 물에 잠겨 있는 지역을 말해. 크게 육지 안쪽에 있는 '내륙 습지'와 바다와 맞닿아 있는 '연안 습지'로 나눌 수 있는데, 갯벌은 대표적인 연안 습지야. 즉, 습지가 갯벌보다 좀 더 넓은 개념인 거지.

특히 우리나라의 순천만 습지는 2006년 1월, 연안 습지 가운데 국내 최초로 '람사르 습지'로 등록되었어. 1971년 세계 여러 나라가 이란의 람사르라는 도시에 모여 물새 서식지로서 국제적으로 중요한 습지를 보호하자는 취지로 '람사르 협약'을 맺었는데, 이 협약에 따라 각 나라와 지역에서는 습지를 보호하고 관리하기 위한 노력을 하고 있어. 그래서 순천만 습지에서는 겨울 철새의 이동과 생태를 관찰하고, 야생 동물 보호와 구조 활동을 하며, 생태 공원을 조성해 생태 교육과 체험 기회를 제공해 주고 있지. 그만큼 순천만 습지는 생태적으로 매우 중요하고 국제적으로도 보호할 가치가 높은 자연유산이야.

순천만 습지

세계 곳곳의 습지를 따라서

창녕 우포늪

'우포늪'은 우리나라 최대 규모의 자연 내륙 습지야. 우포, 목포, 사지포, 쪽지벌 등 네 개의 늪으로 이루어져 있어.

우포늪은 1930년대 후반부터 농사지을 땅을 얻으려고 제방을 쌓으면

창녕 우포늪

서 그 면적이 많이 줄어들었어. 그 뒤에도 우포늪을 완전히 메워서 쓰레기 매립장으로 만들려고 했는데, 습지를 지키려는 사람들의 노력으로 1997년 7월, '자연생태계 보전지역'으로 지정되었어. 그리고 다음 해인 1998년에는 '람사르 습지'로 등록되었지.

이곳엔 800여 종의 식물, 200여 종의 조류, 그 외 다양한 어류와 포유류가 서식하고 있어.

플로리다 에버글레이즈 습지

미국 남동부 플로리다주에 있는 '에버글레이즈 습지'는 국립 공원 구역만 해도 약 6,100km²이고, 그 주변 습지까지 합하면 2만km²가 넘는 거대한 아열대 습지야.

에버글레이즈 국립 공원은 '내륙에서 바다로 흘러 들어가는 풀의 강'이라고 불려. 마치 강물이 흐르듯 풀이 빽빽하게 이어져 있는 모습이지. 악어, 새, 물고기, 매너티 등 다양한 생물이 살아가고 있어. 1976년에는 '유네스코 생물권보전지역', 1979년에는 '유네스코 세계 자연유산', 1987년에는 '람사르 습지'로 등록되었지.

많은 사람이 식수를 얻는 중요한 곳이자, 아메리카앨리게이터와 아메리카크로커다일이 함께 사는 세계 유일의 습지로도 유명해.

하지만 무분별한 개발과 환경 변화로 인해 유네스코에서 '위험에 처한 세계 유산' 목록에 등재한 곳이기도 하단다.

세계 5대 갯벌

우리나라의 서해·남해 갯벌을 포함하여 유럽의 북해 연안, 아마존 유역 연안, 미국 동부 조지아 연안, 캐나다 동부 연안은 세계 5대 갯벌로 손꼽혀.

이들 지역은 생물 다양성이 높아 자연 생태계 보존이란 측면에서 그 가치가 높고, 조류 이동 및 번식지로서 국제적으로도 매우 중요한 곳들이야.

세계 5대 갯벌

5장 에어컨이 필요 없는 숨은 피서지는 어디?

“더워, 더워! 이 아이스크림처럼 나도 녹아 버릴 것 같아.”

방금 막 냉동실에서 꺼냈는데도 아이스크림이 금세 녹아내렸다. 정말 더워도 너무 덥다. 그런데 벌써 일주일째 에어컨도 못 켜고 선풍기에 착 달라붙어서 살고 있다. 에어컨이 갑자기 고장 났는데 한여름이라 수리 예약이 한참 밀려 있기 때문이다. 앞으로 일주일은 더 지나야 우리 집 차례라고 했다.

선풍기 바람은 잠시 땀을 식혀 줄 뿐, 푹푹 찌는 더위 탓에 좀처럼 시원하게 느껴지지 않았다.

‘그래, 피시방! 에어컨이 빵빵한 곳에서 치열하게 게임을 하다 보면

몸도 마음도 다 시원해질 거야.'

나는 핸드폰과 용돈을 챙겨 슬금슬금 나갈 준비를 했다. 마침 알로는 거실에서 분주히 그늘막 텐트를 수리하고 있었다.

이때다! 현관문을 향해 돌진!

"어린이, 그대로 멈춰라! 지금 피시방에 게임하러 가는 거지? 지난번에 엄마한테 혼나고 당분간 게임 안 하기로 한 약속, 잊었어?"

어떻게 알았는지 알로가 내 앞을 딱 막아섰다.

"알로, 한 번만 봐주라. 너무 덥잖아. 이러다 더위 먹으면 네가 책임질래?"

"좋아. 그럼 일단 그늘막 텐트에서 수박이나 좀 먹고 나가."

"진짜지? 수박만 먹으면 가도 되는 거지?"

나는 신나서 이제 막 수리를 마친 그늘막 텐트로 뛰어 들어갔다. 알로가 수박을 챙겨 안으로 들어왔다. 똑같은 집인데도 텐트에서 수박을 먹으니 뭔가 색다르게 느껴졌다.

"알로, 텐트 안에 에어컨 달았어? 아니면 수박이 시원해서 그런가?"

방금까지 줄줄 흐르던 땀이 어느새 마르고, 갑자기 솜털까지 바짝 서게 만드는 서늘한 느낌이 들었다. 이상하다고 생각하며 알로를 보니 또 무지갯빛 광선을 뿜고 있었다.

"피시방 가도 된다며. 또 어딜 가는 거야아아아아?"

내가 원망을 가득 담아 소리쳤다. 그런데 갑자기 몸이 빨려 들어가는 느낌이 들면서 목소리가 메아리처럼 울려 퍼졌다.

"이얍!"

정신을 바짝 차리고 뭔가를 붙들었다. 눈을 번쩍 뜨고 주위를 살펴보니 주위가 온통 컴컴했다. 하지만 곧 빛나는 한 쌍의 눈동자와 눈이 마주쳤다. 아니, 한 쌍이 아니었다. 그 옆에도, 또 그 옆에도 번뜩이는 눈동자들이 계속해서 늘어났다.

찌르르르, 찌익찌익.

내 움직임을 눈치챘는지 번뜩이는 눈동자 무리가 요란한 소리를 내며 한꺼번에 날갯짓을 하기 시작했다.

"끼아아악, 이건 뭐야? 알로, 살려 줘!"

나는 깜짝 놀라 잡고 있던 기둥을 놓치고 말았다.

"잡았다! 살려 줬으니 그만 떠들어. 박쥐들이 놀랐잖아. 조용한 박쥐 집에 갑자기 나타난 건 너라고!"

"뭐야, 알로 너는 내가 놀란 건 안 보이고 박쥐들 걱정부터 하는 거야? 그나저나 여긴 또 어디야?"

"어때? 더위가 싹 가셨지? 네가 너무 더워하길래 시원한 동굴로 데려왔지."

알로는 여전히 놀란 마음을 추스르지 못한 나를 놀리듯 말했다.

"네 말대로 이젠 덥지 않은데, 여긴 너무 어둡고 으스스하잖아. 게다가 볼 것도 없는 텅 빈 동굴이라니. 빨리 집에 가자."

"아니, 볼 게 없다니! 네 눈이 어둠에 적응하고 나면 이 동굴 속 멋진 광경에 깜짝 놀랄걸. 게다가 여기엔 귀한 진주도 있다고."

"진주? 엄마가 중요한 날에만 아껴서 거는 목걸이에 달린 그 하얀 보석 말이야? 근데 진주는 조개 속에서 생기는 거 아니었어? 어떻게 동굴 안에 진주가 있다는 거야?"

알로는 내 말에 대답도 하지 않고 저만큼 앞서 걷고 있었다.

'이따 돌아갈 때 진주나 몽땅 챙겨 가야지. 보석이니까 가져가면 부자가 되겠지?'

알로한테 말하면 분명 못 가져가게 할 테니 나는 속으로 다짐했다.

"어린이, 빨리 와. 여긴 석회 동굴이야. 오랜 세월 동안 암석의 틈을 따라 스며든 지하수가 석회암을 녹여서 만들어진 동굴이지."

"석회 동굴? 석회암은 과학 시간에 배운 적 있어. 따뜻한 바다에 살던 산호, 조개류 등의 껍질이나 뼈가 쌓여서 만들어진 퇴적암이라고."

"맞아. 우리나라에는 석회암이 꽤 넓게 퍼져 있어. 이런 지역은 과거에 따뜻한 바닷속이었던 거야."

"그런데 알로, 석회암이 지하수에 어떻게 녹아?"

"석회암의 주성분인 탄산칼슘은 이산화탄소가 녹아 있는 지하수에 서서히 녹거든. 그래서 석회암 지대에 흘러 들어간 지하수를 따라 긴 통로가 만들어지고, 그게 점점 넓어져서 동굴이 되는 거야."

알로의 설명을 듣는 동안 어느새 눈이 어둠에 익숙해졌다. 게다가 알로의 눈에서 주황빛 광선이 퍼져 나와 은은한 조명을 켠 것처럼 주위가 밝아졌다.

"우아, 이게 다 뭐야! 특이한 돌들이 가득해."

눈앞에 펼쳐진 광경에 나는 벌어진 입을 다물 수가 없었다.

"저기 천장에 매달린 '종유석'을

봐. 아까 네가 붙잡고 있던 거야."

"종유석? 마치 한겨울에 지붕에 매달린 고드름 같다! 알로, 이건 또 뭐야? 대나무 숲에 있던 죽순 같은 게 바닥에 솟아 있어."

"맞아, 돌 죽순! 그래서 '석순'이라고 불러. 눈썰미가 좋은데."

알로의 칭찬에 어깨가 으쓱 솟았다. 기분이 좋아진 나는 알로를 향해 손가락 두 개를 V 자로 펼쳐 보이며 앞서 걸었다.

꽈당!

신나서 앞을 제대로 안 보고 걷던 나는 뭔가에 세게 부딪혔다. 어두워서 벽에 부딪힌 줄 알았는데, 그 벽이 나를 향해 돌아섰다. 헝클어진 머리에 소복 차림의 귀신이었다.

"엄마야! 귀, 귀신이다!"

"하하하! 내가 귀신이라고? 완전 겁쟁이네!"

다시 보니 내 또래 여자아이가 서 있었다. 민속촌에서나 볼 법한 옛날 옷을 입고서.

"뭐야! 너, 사람이었어? 나 겁쟁이 아니거든! 네가 이상한 옷을 입고 어둠 속에서 갑자기 튀어나오니까 그렇지."

"네 옷이 더 이상하거든! 그나저나 못 보던 얼굴인데."

제대로 본 여자아이의 얼굴은 오랫동안 햇빛을 못 본 건지 창백할 정도로 하얬다. 게다가 메마른 살가죽이 뺨에 바짝 들러붙어 있었다.

꼬르륵.

여자아이의 배에서 요란한 소리가 났다. 평소 같았으면 깔깔거리며 놀려 댔겠지만, 비쩍 말라 뼈만 앙상한 아이를 보니 도저히 웃음이 나오지 않았다.

"배고프구나? 이거 너 먹어!"

나는 피시방에 가서 먹으려고 주머니에 숨겨 둔 약과를 건넸다.

"약과잖아! 전쟁 통에 이 귀한 걸 어디서 구했대? 진짜 나 주는 거지? 다시 뺏는 거 아니지?"

여자아이는 때가 잔뜩 낀 손으로 약과를 받아 들고 함박웃음을 지었다. 입에 침이 고이는지 소리 나게 침을 꼴깍 삼키기까지 했다. 그러면서도 먹지는 않고 들고만 있기에 내가 물었다.

"배고픈데 빨리 먹지, 뭐 하냐?"

"내 동생 개똥이랑 나눠 먹을 거야! 아빠는 일본군에 끌려가고 엄마랑 동생이랑 이 동굴에 숨었는데, 먹을 걸 구하러 나간 엄마가 며칠째

돌아오지 않으셔. 안 되겠다 싶어 내가 먹을거리를 찾아 나선 참이었어."

일본군이라니? 이해할 수 없는 말에 묻고 싶은 것이 많아졌다.

그런데 갑자기 어린아이의 구슬픈 울음소리가 울려 퍼졌다.

"개똥이가 나를 찾네. 빨리 가야겠다."

내가 붙잡을 새도 없이 여자아이는 어둠 속으로 사라졌다. 멍하니 서 있는데, 누군가 내 뺨을 톡톡 쳤다.

"괜찮아? 정신이 들어?"

어느새 난 알로의 품에 안겨 있었다.

"어두운 동굴 안에서는 조심해서 걸어야지. 방금 너와 부딪힌 건 '석주'야. 돌기둥이라고!"

"아닌데, 난 어떤 여자아이랑 부딪혔어. 알로, 너 못 봤어? 빼빼 마르고 창백한 아이. 일본군을 피해서 동굴로 들어왔다던데."

"너 꿈꿨어? 아님 귀신을 만났나? 임진왜란 때 일본군을 피해 이 동굴로 피란 오곤 했다더니……."

등골이 오싹했다. 나는 두근거리는 가슴을 부여잡고 알로 옆에 바짝 붙었다.

"일단 가자. 그러니까 내가 부딪힌 게 돌기둥이란 말이지?"

"맞아. 석주는 천장에서 자라 내려온 종유석과 바닥에서 올라온 석순이 만나서 만들어진 거지."

나는 무서움을 빨리 떨쳐 내려고 알로의 설명에 더욱 귀를 쫑긋 세웠다. 아는 만큼 보인다고 했던가. 동굴 속을 걸으며 종유석, 석순, 석주를 찾는 재미가 쏠쏠했다.

"알로, 저것 좀 봐. 종유석들이 커튼처럼 연결되어 있어. 어라, 저건 바닷속에서 볼 수 있는 산호처럼 생겼네."

뾰족뾰족하게 매달린 종유석들은 무시무시한 괴물의 이빨처럼 으스스해 보이다가도, 자세히 보면 옹기종기 모여 핀 작은 꽃송이나 팝콘처럼 귀여워 보이기도 했다. 어느새 나는 동굴 이곳저곳을 두리번거리며 '닮은꼴 찾기' 놀이에 푹 빠졌다.

"아깐 볼 것도 없다더니, 이젠 보물찾기하듯 신났네."

알로가 못 말리겠다는 듯 고개를 흔들며 말했다.

'보물? 그래! 빨리 동굴 진주를 찾아야지. 그나저나 옷 주머니가 작은데…… 어디에 담아 가지?'

잊고 있던 동굴 진주가 떠올랐고, 부자가 될 생각에 입꼬리가 절로

씰룩거렸다.

"어린이, 여길 봐! 동굴 진주야. 그런데 이건 네가 생각하는 보석은 아니야. 아쉽게 됐네."

알로가 내 속마음을 눈치채고 말했다.

보석이 아니란 말에 비눗방울처럼 퐁퐁 떠오르던 행복한 상상들이 팡팡 터지기 시작했다. 알로가 가리킨 곳을 보니 진짜 진주처럼 동글동글하고 매끄러운 작은 돌들이 오밀조밀 모여 있었다.

"쳇, 뭐야. 그냥 예쁜 돌멩이잖아. 그래도 신기하니까 가지고 가서 친구들한테 자랑해야겠다."

나는 아쉬운 대로 동굴 진주 몇 개만 챙겨 가려고 손을 뻗었다.

"안 돼! 진짜 진주는 아니지만, 동굴의 생태계를 알려 주는 소중한 거야. 절대 함부로 다루면 안 돼!"

"동굴 생태계? 동굴이 살아 있기라도 한 것처럼 말하네."

나는 슬그머니 손을 거두며 무안한 마음에 입을 삐죽거렸다.

동굴 진주

“맞아. 동굴은 살아 있는 것처럼 새로운 것들이 계속 생겨나며 변화하고 있어. 지금 이 순간에도 종유석, 석순, 석주는 물론이고 동굴 진주, 동굴 산호, 동굴 팝콘, 동굴 꽃 등이 만들어지고 있다고.”

“하긴 종유석과 석순이 만나 석주가 만들어진다고 했으니 둘 다 계속 자라야겠네.”

“근데 그게 말처럼 쉬운 일은 아니야. 보통 종유석과 석순은 일 년 동안 0.1mm 정도밖에 자라지 않거든. 그러니 이런 멋진 동굴이 만들어지기까지 얼마나 많은 시간이 걸렸겠어?”

알로의 말을 듣고 보니 물방울 하나하나가 석회암을 녹여 빚어낸 이 거대한 예술 작품이 훨씬 더 대단하고 웅장하게 느껴졌다.

“지금은 이런 신기한 광경을 구경할 수 있어서 석회 동굴이 관광지로 큰 사랑을 받고 있지만, 과거에는 전쟁이나 재난 때 사람들이 피란하는 장소나 귀중품을 숨기는 곳으로 이용되기도 했어.”

“하긴 여기 숨어 있으면 절대 못 찾을 것 같긴 하다. 알로, 엄마한테 혼날 일 생기면 나도 여기에 숨겨 주면 안 돼? 응? 응?”

난 콧소리를 섞어 가며 알로의 팔에 매달렸다. 알로의 볼이 붉어지며 열받은 냄비처럼 달아올랐다.

"어린이, 그만해라! 혼날 일을 하지 않으면 되지."

알로의 말이 끝나기가 무섭게 내 몸이 동영상을 거꾸로 재생시킨 것처럼 뒤로 가기 시작했다. 처음 이 동굴에 왔던 것처럼 종유석을 잡고 있었고, 그다음에는 암석 틈으로 솟아올랐다.

"으아아악!"

나는 솟구치는 느낌에 비명을 지르며 팔다리를 허우적거렸다.

"아니, 이 녀석이! 왜 소리를 지르고 난리야. 하라는 숙제는 안 하고 이 찜통더위에 텐트에 들어가서 잠이나 자고 있어?"

현관문을 열고 들어온 엄마가 나를 발견하고는 잔소리를 퍼부었다.

'이런! 알로, 나 다시 동굴로 돌아갈래!'

애타는 눈으로 알로를 찾았지만, 알로는 부엌에서 수박을 먹고 난 쟁반을 정리할 뿐 이쪽으로 눈길조차 주지 않았다. 아니, 그런데 저 신바람 난 발놀림은 뭐지? 설마 내가 혼나니까 신난 거냐?

석회암이 만든 땅속의 신비

다양한 카르스트 지형에 대해 알아볼까?

석회암이 오랜 시간 물에 녹고 깎이면서 만들어진 독특한 지형을 '카르스트 지형'이라고 해. 그중 가장 널리 알려진 것이 '석회 동굴'이야. 그리고 깔때기 모양의 웅덩이인 '돌리네'가 있지. 여러 개의 돌리네가 시간이 흐르면서 서로 연결되고 합쳐지면 '우발레'가 되는데, 큰 것은 가장 긴 지

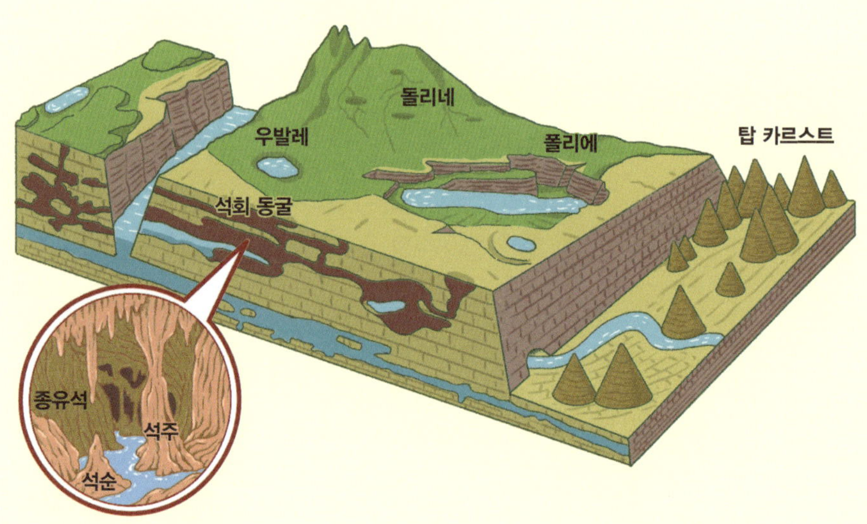

카르스트 지형

름이 1km가 넘을 정도로 아주 거대해.

또한 돌리네와 우발레가 더 커지고 넓어지면 움푹 파인 평평한 곳이 생기는데 이곳을 '폴리에'라고 하지. 물을 끌어다 쓰기 좋다 보니 농사짓기에 알맞은 땅이야. 마지막으로 석회암이 물에 녹고 깎여서 탑처럼 우뚝 솟은 기둥만 남은 석회암 봉우리인 '탑 카르스트'가 있어.

석회암 지대에는 특별한 붉은 흙이 있다!

석회암이 물에 녹으면 철 같은 물질이 남아서 산소와 만나 붉게 보이는데, 이 붉은 흙을 이탈리아어로 '테라 로사'라고 불러. 테라 로사는 물 빠짐이 좋아서 포도 재배에 유리해. 그래서 유럽의 유명한 와인 생산지들이 석회암 지대에 많이 있어. 또 석회암은 시멘트나 대리석의 원료가 되기 때문에, 석회암이 많은 지역에서는 시멘트 공장이나 채석장을 쉽게 볼 수 있단다.

우리나라 동굴의 변신은 무죄!

옛날에 동굴은 주로 숨거나 무언가를 숨기는 공간이었어. 강원특별자치도 영월에 있는 '고씨굴'만 해도 임진왜란 때 고씨 가족이 피신한 곳이라고 해서 붙여진 이름이야. 그리고 경상북도 울진에 있는 '성류굴'은 임진왜란 당시 일본군의 약탈을 피해 불상을 숨겨 두었던 곳이지.

그런데 요즘에는 관광지로 사랑받고 있어. 동굴의 규모가 크고, 일 년 내내 15℃ 안팎으로 기온이 유지되는 덕에 에어컨이 필요 없을 만큼 시원하거든.

세계 각지에서 만나는 석회 동굴

우리나라의 유명 석회 동굴

• 삼척 환선굴

강원특별자치도 삼척에 있는 '환선굴'은 약 5억 3천만 년 전에 생겨난, 우리나라에서 가장 규모가 큰 석회 동굴이야.

동굴 안에는 '미녀상', '악마의 발톱', '사자상', '도깨비방망이' 같은 독특한 이름을 가진 여러 모양의 종유석, 석순, 석주가 잘 발달되어 있지. 특히 왕이 앉는 옥좌처럼 생긴 '옥좌대'는 세계적으로 희귀한 동굴 생성물이라 환선굴의 빼놓을 수 없는 자랑거리야.

환선굴은 그 가치를 인정받아 1966년에 '천연기념물 제178호'로 지정되었어.

• 단양 고수동굴

충청북도 단양에 있는 천연 동굴이야. 고생대에 바다 밑에 쌓여 있던 석회암층이 해수면 위로 떠오르면서 만들어졌지. '고수동굴'도 그 가치를 인정받아 1976년에 '천연기념물 제256호'로 지정되었어.

동굴의 총 길이는 약 1,395m이지만 현재 공개된 구간은 940m야. 동굴 안에는 종유석과 석순은 물론이고, 바다의 산호를 닮은 동굴 산호, 진주처럼 동그란 동굴 진주, 자연이 만든 다리인 천연교, 그리고 아주 희귀한 종유석인 아라고나이트까지 볼거리가 아주 풍부해. 석회암 동굴에서 만들어질 수 있는 거의 모든 것을 볼 수 있다고 말할 정도야.

세계의 유명 석회 동굴

• 세계에서 가장 긴 매머드 동굴

미국 켄터키주의 '매머드 동굴'은 세계에서 가장 긴 동굴로 유명해. 지금까지 발견된 길이만 해도 685km가 넘는데, 지금도 탐사 중이기 때문에 앞으로 더 늘어날 전망이야.

서울에서 부산까지의 직선거리가 약 325km니까, 이 동굴을 쭉 펴면 서울과 부산을 왕복하고도 남는 엄청난 길이란다!

매머드 동굴

매머드 동굴에서는 이제까지 알려진 모든 종류의 동굴 지형을 다 볼 수 있고, 130여 종의 생물이 서식하는 등 그 중요도를 인정받아 1981년에 '유네스코 세계 자연유산'으로 등재되었어.

• 세계에서 가장 큰 악기가 있는 루레이 동굴

미국 버지니아주 서부에 있는 '루레이 동굴'에는 세상에서 가장 큰 악기인 '종유석 파이프 오르간(The Great Stalacpipe Organ)'이 있어. 동굴 한가운데에 놓인 오르간의 건반을 누르면 고무망치가 종유석을 두드리고 각각의 고유한 소리를 가진 서른일곱 개의 종유석이 음을 내는데, 축구장 두 개 크기의 동굴 안에 그 소리가 울려 퍼진다고 해. 그래서 이 오르간을 보고 연주를 듣기 위해 매년 50만 명이 넘는 관광객이 루레이 동굴을 찾고 있고, 그 소리가 너무 아름다워서 종유석 파이프 오르간으로 연주한 음악을 모은 음반까지 나왔지.

루레이 동굴의 종유석 파이프 오르간

6장 거울같이 맑은 호수! 원래는 바다였다고?

오랜만에 이모와 사촌 동생 주원이가 놀러 왔다.

"형아, 이 장난감들 나 주면 안 돼?"

주원이가 애원하듯 간절한 목소리로 물었다.

"안 돼. 아직 내가 가지고 놀아야 한단 말이야."

이모의 눈치가 보이기는 했지만 나는 격하게 고개를 내저었다.

"무슨 소리니? 너 이제 그거 가지고 놀지도 않잖아. 이거 다 유치원생들이나 가지고 노는 건데, 동생 좀 주지 그래?"

엄마의 날이 선 목소리를 못 들은 체하며 나는 주원이가 장난감을 만지는 족족 빼앗아 들었다.

"엄마, 형아가 장난감 못 가지고 놀게 해!"

결국 주원이는 큰 소리로 울음을 터트렸다.

사실 엄마 말이 맞다. 나는 그 장난감들을 더 이상 가지고 놀지 않았다. 하지만 내 것을 남이 가지고 노는 게 싫었다. 그런데 우는 주원이와 주원이를 달래느라 애쓰는 이모를 보니 마음이 불편했다.

그 순간 침대 구석에 박아 둔 낡은 인형이 떠올랐다. 나는 방으로 뛰어가 먼지를 잔뜩 뒤집어쓴 인형을 꺼내 툭툭 털었다.

"어린이! 너 설마, 그걸? 유행이 한참 지난 캐릭터에다 언제 빨았는지도 모르잖아. 확대해 보니 네 침 자국에 코딱지까지 묻어 있는데!"

"아냐, 그래도 귀엽잖아. 그리고 침? 코딱지? 내 눈엔 안 보여. 누가 로봇 아니랄까 봐 너무 냉정하고 인간미가 없네. 그런 건 모른 척 눈 감아 줘라. 응?"

애교 섞인 콧소리를 내 가며 상황을 벗어나려는데, 갑자기 알로 머리 위 안테나에서 번쩍하고 무지갯빛 광선이 뿜어져 나왔다. 이번엔 또 무슨 일이 생기려나 싶은 불안한 마음에 눈을 꼭 감았다.

"아야!"

누군가 딱딱한 것으로 내 머리를 톡 때렸다. 알로 짓인가 싶어 씩씩거리며 눈을 떴더니, 웬 낯선 스님이 목탁을 들고 내 앞에 서 있었다.

"이 녀석, 무슨 딴생각을 하는 게냐?"

스님의 엄한 목소리에 절로 고개가 숙여졌다. 당황스러운 마음에 습관처럼 머리를 긁적였는데, 뭔가 아주 허전하고 매끄러웠다.

"어라, 내 머리카락이 다 어디 갔지? 내가 왜 까까머리야?"

"아니, 더위라도 먹은 것이냐? 동자승이 될 때 빡빡 밀어 버린 머리카락을 갑자기 왜 찾고 난리지? 안 되겠다. 근처에서 시주라도 받으며 좀 쉬어 가자꾸나."

'대체 알로는 어디에 있는 거야?'

사실 이상한 건 머리와 옷뿐만이 아니었다. 주위를 둘러보니, 민속촌에 와 있는 것처럼 초가집이 늘어서 있었다. 달리 어찌해야 할지 몰라 일단 스님을 따라 걸었다.

여러 초가집 사이로 으리으리한 기와집 한 채가 눈에 딱 들어왔다. 스님은 대문 앞에서 걸음을 멈추더니 안으로 들어서며 우렁차게 소리쳤다.

"나무아미타불! 부처님의 귀한 말씀을 전해 드릴 테니 시원한 물과 음식을 좀 나눠 주시오."

마침 그곳에서는 잔치가 벌어지고 있었는지 흥겨운 풍악 소리가 났고, 상마다 기름진 음식이 넘쳐 났다. 나도 모르게 입안에 군침이 가득 고였다. 이게 무슨 횡재람! 잔칫집 구경도 하고 배불리 먹을 생각에 들떠, 나를 이곳으로 보낸 알로에게 고마운 마음마저 들었다.

"귀한 말씀? 그걸 듣는다고 쌀이 나오나, 돈이 나오나? 나 먹을 음식도 부족하니 얼른 썩 나가시오!"

잔칫상 한가운데에 앉아 게걸스럽게 닭 다리를 뜯고 있던 집주인이 꽥 소리를 질렀다. 얼굴 가득 심술이 덕지덕지 붙어 있는 데다 개기름이 번들거리는 게, 마치 전래 동화 《흥부와 놀부》 속의 놀부가 이야기 밖으로 튀어나온 것 같았다.

"허허! 인심을 그리 고약하게 쓰면 풍족한 살림도 한 번에 거덜 날 수 있소. 그러지 말고 부처님께 시주해 공덕을 쌓는 게 어떻소?"

스님은 눈 하나 깜짝하지 않고 타이르듯 다시 한번 말했다.

"허, 참! 말로 해서는 못 알아듣나 보오. 얘 돌쇠야, 너 이리 와서 귀 좀 대 보거라."

집주인은 곁에서 시중들던 종을 불러다 속닥거렸다. 그러자 돌쇠라

는 종은 알았다는 듯 의뭉스러운 표정으로 집 뒤편으로 사라졌다.

이윽고 돌아온 돌쇠의 손에는 웬 바가지 하나가 들려 있었다. 그런데 바가지에서 맛있는 음식 냄새가 아닌 구린내가 코를 찔렀다.

"스님, 대감마님께서 줄 거라곤 이것밖에 없다고 하십니다. 이제 그만 나가시지요. 히히."

제 주인을 쏙 빼닮아 고약한 표정으로 히죽거리며 돌쇠가 내민 건 다름 아닌 똥바가지였다!

"주인어른의 뜻은 잘 알겠소."

스님은 아무런 불평 없이 똥바가지를 받아 들더니, 그 집 대문 앞에 휙 뿌리고는 묵묵히 걸음을 옮겼다. 스님을 따라 걷다 보니 어느덧 높은 언덕 위의 한 누각에 도착했다.

"아이고, 스님! 너무 힘들어요. 좀 쉬었다 가요."

"그래, 다 왔다. 이제 저 아래를 보거라. 높은 곳에 있으니 저 멀리까지 한눈에 담기지?"

스님은 잠시 골똘히 생각하더니 목탁을 두드리며 염불을 외웠다. 그러자 놀라운 일이 일어났다. 지대가 낮은 곳에서부터 물이 차오르기 시작하더니 삽시간에 기와집 일대가 물에 잠겨 버렸다.

나는 깜짝 놀라 입을 틀어막고 스님을 바라보았다.

"제대로 보았느냐? 작은 것 하나 나눌 줄 모르고 욕심을 부리면 결국 그 욕심이 화가 되어 모든 것을 앗아 갈 수 있단다. 혹시 너도 욕심을 부린 일이……."

스님의 말을 듣고 있자니 주원이한테 장난감을 주지 않으려고 움켜쥐고 있던 내 모습이 떠올랐다.

"잘못했어요! 잘못했어요! 다시는 욕심부리지 않을게요."

무서운 마음에 나는 고개를 푹 숙이고 손이 발이 되도록 빌었다.

"욕심쟁이 어린이! 이제 깨달았어? 설마 이래 놓고도 계속 욕심을 부리지는 않겠지?"

'어라, 이 목소리는?'

어느새 스님은 사라지고, 그 자리에 알로가 서 있었다.

"알로! 뭐야. 네가 스님인 척한 거냐? 아무리 기와집 주인이 욕심을 부렸다고는 하지만, 이렇게까지 하는 건 너무한 거 아니야? 죄 없는 사람들까지 다 물에 빠졌으면 어떡해?"

"걱정 마. 지금 우리가 있는 누각은 강릉 경포대야. 그리고 눈앞에 펼쳐진 호수는 '경포호'지. 방금 넌 경포호가 만들어진 전설이 담긴 옛이야기 속에 들어갔다 나온 거고."

"옛이야기라고? 휴, 다행이다. 근데 이곳이 바다가 아니라 호수인 거야? 우리 집 근처의 호수 공원에 있는 그런 호수?"

"호수인 건 맞는데, 네가 말한 호수는 사람들이 일부러 물을 가둬서

경포호

만든 인공 호수야. 반면 경포호는 자연 호수지. 이런 호수를 '석호'라고 하는데, 석호는 동해안에 꽤 많아."

나는 알로의 이야기를 듣고 나니 궁금한 게 많아졌다.

"근데 동해안이면 바다잖아. 바다 옆에 호수가 있는 거야? 그럼 옛이야기에서처럼 사람들이 살던 마을을 바닷물이 덮쳐서 호수가 만들어졌다는 거네?"

내가 묻자 알로는 로봇 다리를 늘여 내 팔을 감싸안고는 하늘로 날아올랐다.

"아니, 그 이야기는 나중에 지어진 거야. 사실 경포호는 바다가 육지 속으로 파고들어 온 '만'이었어. 그런데 육지 쪽에 있는 강물이 모래나 자갈을 계속 실어 나르고, 파도도 바다 쪽에서 모래를 밀어 올렸지. 이 모래들이 입구에 둑 모양으로 길게 쌓이면서 '사주'가 만들어졌고, 그 안에 바닷물이 갇혀 생긴 호수가 바로 석호야."

"정말 신기하다. 바다 입구가 막혀서 자연적으로 호수가 생겼다니. 앗, 잠깐! 알로, 호수는 짠물이 아니잖아? 석호는 바닷물이 갇힌 건데 왜 호수야?"

"좋은 질문이야. 석호는 육지에서 흘러온 짜지 않은 '담수'와 짜디짠 바닷물인 '해수'가 섞여서 만들어진 독특한 지형이야. 담수와 해수가 섞이면서 영양분이 더욱 풍부해져 다양한 생물이 살고 있지."

"어쨌든 이제는 사주로 가로막혀 있으니 더는 바닷물이 안 들어오겠네?"

"아니, 완전히 꽉 막힌 것은 아니라서 바닷물이 조금씩 들어올 수 있어. 누구처럼 자기 것이라고 손도 못 대게 하는 건 아니라는 거지."

알로의 뼈 있는 말에 갑자기 얼굴이 확 달아올랐다. 아까 동생에게 괜한 욕심을 부렸던 게 떠올라 쥐구멍에라도 숨고 싶을 만큼 부끄러웠다. 나는 애써 화제를 돌렸다.

"근데 이름이 왜 경포호야?"

"호수 물이 마치 얼굴을 비춰 볼 수 있는 거울처럼 맑고 깨끗해서 '거울 경(鏡)' 자를 써서 붙여진 이름이라고 해."

"그래? 근데 이름처럼 깨끗하게는 안 보이는데?"

"지나친 개발로 많이 오염되어서 그래. 다행히 최근에는 호수를 보호하고 원래의 아름다움을 되찾기 위한 움직임이 계속되고 있지."

"방에서 안 나오고 뭐 해? 이모랑 주원이 이제 집에 간대."

엄마의 목소리에 정신을 차려 보니 어느새 방으로 돌아와 있었다. 조금 전까지 경포호가 빨리 다시 깨끗해지길 바라고 있었는데…….

아무튼 지금은 이러고 있을 때가 아니다. 나는 요즘에는 가지고 놀지 않지만 아꼈던 장난감들을 몽땅 꺼냈다. 내 맘을 이미 알아챘는지 알로가 커다란 쇼핑백을 내밀었다. 나는 재빨리 장난감들을 쇼핑백에 쓸어 담고 거실로 뛰어나갔다. 그러고는 현관을 막 나서려던 주원이에게 쇼핑백을 쑥 내밀었다.

"주원아, 이거 너 가져. 형이 엄청나게 좋아했던 장난감들이야. 재미있게 잘 가지고 놀아."

"진짜? 형아, 최고! 정말 고마워."

주원이가 팔짝팔짝 뛰면서 좋아했다. 옆에 서 있던 엄마와 이모의 얼굴에도 환한 미소가 떠올랐다.

"역시 형은 형이네! 멋지다, 우리 아들! 엄마가 특별 용돈이라도 줘야겠는걸?"

용돈이라는 말에 신이 나서 고개를 돌려 알로를 바라보았다. 그러자 알로가 엄지척해 주었다. 우리는 마주 보며 한참을 웃었다.

석호에서 인공 호수까지, 호수의 변화

석호의 물은 바닷물처럼 짜지 않다고?

석호는 바닷물이 모래 언덕에 갇혀 만들어진 호수이니 짤 것 같지만 시간이 지나며 육지에서 흘러 들어오는 하천이나 지하수에 의해 염분이 낮아지게 돼. 그렇지만 바다와 완전히 분리된 건 아니기 때문에 그 물을 식수나 농업용수로 쓸 수는 없지.

석호가 계속 작아지고 있어!

하천이 옮겨 나르는 자갈이나 모래가 석호로 흘러들어 호수 바닥에 끊임없이 쌓이면서 석호는 자연스럽게 점점 작아지고, 결국 육지로 변해 가. 여기에 사람들이 농사를 짓거나 건물을 지으려고 호수 주변 습지를 메우는 일까지 더해지면서 석호의 면적이 빠르게 줄고 있어.

예를 들면 과거에는 둘레가 약 12km에 이르는 큰 호수였던 경포호가 지금은 약 4km로 줄고 수심도 얕아졌지. 호수가 작아지면서 그곳에 살던 생물들의 보금자리가 사라지고, 물이 얕아져 수온이 오르니 녹조가 생기는 등 수질도 나빠지게 되었어. 결국 아름다운 자연환경이 망가지면서 지역 주민들의 생활에도 안 좋은 영향을 미치고 있단다.

인공 호수는 왜 만드는 거야?

인공 호수는 특정한 목적을 위해 사람들이 만든 호수를 말해. 댐이나 방조제 등으로 물길을 막거나 가두어 만들지.

우리나라 하천은 비가 오지 않아 가물 때는 하천 바닥이 드러났다가도 여름철 폭우에는 홍수가 날 정도로 강수량의 차이가 크다는 특징이 있어. 그래서 여름철 비를 가두었다가 가뭄 때 쓸 수 있도록 '댐'을 만들어 물을 저장한 거야. 이렇게 강 중간에 댐을 만들면 거대한 호수 같은 인공 저수지가 생겨. 강원특별자치도 춘천에서는 소양강댐, 의암댐, 춘천댐을 만들면서 생긴 소양호, 의암호, 춘천호를 볼 수 있지.

댐에 저장된 물은 생활용수는 물론 농업용수, 공업용수 등으로 쓰이고, 높은 댐 위에서 떨어지는 물의 힘은 수력 발전에 활용되기도 해. 또한 인공 호수 주변은 경치가 아름다워 관광지로 개발된 곳이 많아.

크고 깊은 호수를 찾아서

우리나라에서 가장 큰 석호, 화진포

우리나라에서 가장 큰 석호는 동해에 맞닿아 있는 '화진포'야. 강원특별자치도 고성에 위치하며 우리나라 석호 중 가장 북쪽에 있지. 호수 둘레가 16km에 이르고 면적이 약 2.4km^{2}에 달하는 거대한 호수야. 주위에 울창한 소나무 숲이 병풍처럼 펼쳐져 있어 경치가 무척 아름다워. 수만 년 동안 조개껍데기와 바위가 부서져서 생긴 고운 모래사장으로 유명한

화진포

화진포 해수욕장도 볼 수 있어. 더구나 겨울에는 '천연기념물 제201호'인 큰고니 등 수많은 철새가 찾아와 장관을 이루지. 화진포의 오염되지 않은 깨끗한 물 덕분에 철새들이 쉬기 좋거든. 화진포 역시 바다와 호수가 만나는 지점에 다양한 어종이 살고 있어서 생태적 가치도 높아.

한반도에서 가장 큰 자연 호수, 서번포

한반도의 가장 큰 자연 호수는 북한에 있는 '서번포'야. 남쪽의 좁은 목을 기준으로 '동번포'와 '서번포'로 나뉘는데, 원래는 하나로 이어진 호수였기에 '번포'라고 부르기도 해. 이곳은 두만강 하류에 있던 커다란 만이었는데, 강을 타고 흘러온 모래가 쌓여 석호를 만들고 이후 계속된 퇴적 작용으로 지금의 모습이 되었지.

남북으로 길게 생긴 이 호수는 크게 자란 선인장 모양을 닮았어. 둘레

번포

는 약 41.2km, 면적은 16.12km^2, 평균 수심은 1.2m 정도이며 남쪽 끝부분은 바다와 연결되어 있어 바닷물과 민물이 섞여 있어. 그래서 바닷물고기와 민물고기가 함께 서식하고 있지.

세계에서 가장 깊은 호수, 바이칼 호수

'성스러운 바다', '시베리아의 진주', '시베리아의 푸른 눈', '세계의 민물 창고' 등 멋진 별명을 가진 '바이칼 호수'는 면적으로만 보면 세계에서 일곱 번째로 크지만, 깊이로는 최대 수심이 1,600m가 넘는 세계에서 가장 깊은 호수야. 현재 우리나라에서 가장 높은 '롯데월드타워'의 높이가 555m이니, 롯데월드타워를 세 개쯤 쌓아 올려야 그 꼭대기가 살짝 보일 만큼 깊다는 거야. 그래서 바이칼 호수에 저장된 물의 양 또한 어마어마하지. 전 세계 강과 호수에 있는 민물의 약 20%가 이 호수에 담겨 있다고 할 수 있어.

바이칼 호수

여긴 혹시 사막?
우리나라에 이런 곳이?

'여긴 어디지? 온통 모래잖아!'

눈앞에 펼쳐진 것은 드넓은 사막이었다. 내가 왜 이런 곳에 있는지 몰라 당황스러웠지만 이렇게 멍하니 있을 때가 아니었다. 하늘까지 치솟은 모래 폭풍이 다가오고 있었으니까. 나는 살기 위해 일단 정신없이 앞만 보고 내달렸다.

얼마나 달렸을까. 갑자기 집채만 한 바위가 내 앞을 턱 가로막았다. 뒤는 무섭게 휘몰아치는 모래 폭풍에, 앞은 거대한 바위라니. 정말이지 울고 싶은 마음뿐이었다.

바로 그때, 바위에 난 작은 구멍이 보였다. 이것저것 잴 겨를도 없이 일단 구멍 속에 내 몸을 밀어 넣었다. 이대로 어딘지도 모를 곳에서 내 짧은 인생이 끝나는 건가? 절망에 빠지려는 찰나, 눈앞이 반짝 빛났다. 그 빛을 따라갔더니 온통 보물로 가득한 휘황찬란한 공간이 나왔다.

'그래, 여긴 《알라딘》에 나오는 신비한 동굴이 틀림없어! 그렇다면 어딘가에 요술 램프가 있을 거야. 어서 빨리 램프를 찾아야 해.'

나는 눈에 불을 켜고 동굴을 샅샅이 뒤지기 시작했다.

"찾았다! 이제 램프의 요정 '지니'만 부르면 집으로 돌아갈 수 있어! 그다음에는 무슨 소원을 빌지?"

행복한 고민을 하며 램프를 살살 문질렀는데, 그때…….

"어린이, 일어나라! 낮잠을 너무 오래 자는 거 아니냐?"

알로였다! 이게 다 꿈이라니. 이제 막 소원을 빌 차례였는데, 그 순간에 딱 깨어 버린 것이 못내 아쉬웠다.

"알로, 너무해! 내가 얼마나 중요한 꿈을 꾸고 있었는데. 글쎄, 내가 사막에 갔는데 말이야……."

내가 잔뜩 흥분한 목소리로 꿈 이야기를 했더니 알로가 묘한 웃음을 지으며 말했다.

일어나라! 어린이!
MADE IN KOREA
우하하하

“그래? 그럼 데려다줄게. 사막에 가고 싶다는 거지?”

갑자기 내가 깔고 누웠던 담요가 공중으로 날아올랐다. 마치 알라딘이 타고 다니는 마법 양탄자처럼 말이다. 알라딘과 자스민 공주처럼 신나게 노래라도 불러야 할 것 같아 목청을 가다듬고 멋지게 한 곡 뽑으려는데, 갑자기 담요가 아래로 향했다. 그러고는 가늘고 고운 모래가 가득 쌓인 모래 언덕 위를 썰매처럼 미끄러져 내려가 사뿐히 멈춰 섰다.

“어어! 알로, 뭐야? 날아오른 지 얼마나 됐다고 벌써 내려와?”

“이젠 하늘을 날아도 무섭지 않나 봐. 사막이 가까운 곳에 있다 보니까 금방 왔어.”

우리가 도착한 곳은 진짜 모래 언덕이 펼쳐져 있는 사막이었다. 그런데 사막은 외국에나 있을 텐데, 이렇게 가깝다니!

“금방 온 걸 보니 아프리카는 절대 아니겠고, 중앙아시아? 거기도 가깝지는 않은데…….”

“대한민국! 바로 우리나라지!”

“뭐? 말도 안 돼. 우리나라에 사막이 있다는 얘기는 들어 본 적 없는데.”

하지만 사방이 모래로 가득한 이곳은 정말 영락없는 사막이었다. 그런데 주위를 찬찬히 살펴보니 뭔가 이상했다.

"알로, 여긴 낙타나 선인장 같은 게 안 보여. 바람에서는 바다 냄새가 나고."

"오, 예리한데? 이곳은 충청남도 태안군 원북면 신두리에 있는 우리나라 최대의 해안 사구야. 천연기념물 제431호로 지정되어 보호받는 중요한 곳이지."

"사구? 그러면 사막이 아니네. 어쩐지 이상하더라."

나는 속았다는 표정으로 알로를 쳐다봤다.

"사구는 말 그대로 모래 언덕을 뜻해. 사막 지역에서 흔히 볼 수 있는 지형이지. 엄밀히 말하면 '모래사막'에서 말이야."

"모래사막? 원래 사막은 끝도 없이 모래가 펼쳐진 곳 아니야?"

"사막이라고 하면 대부분은 너처럼 모래바람이 휘몰아치는 모래밭을 떠올리지. 하지만 사막이 꼭 모래로만 이루어진 건 아니야. 혹시 세계에서 가장 큰 사막이 어딘 줄 알아?"

"아프리카에 있는 사하라 사막이잖아."

그 정도는 상식이라는 듯 나는 목소리에 잔뜩 힘을 주고 자신 있게 대답했다.

“땡! 사하라 사막은 남극과 북극 다음으로 큰 사막이야.”

“남극과 북극? 거기가 무슨 사막이야? 얼음 천지잖아.”

“그건 사막의 정의를 제대로 몰라서 그래. 사막은 일 년 동안 비나 눈이 250mm 이하로 아주 적게 내려서 땅이 매우 건조하고 생물들이 살기 어려운 넓은 지역을 말해. 그래서 네가 생각하는 모래사막 말고도 돌이나 자갈로 된 ‘암석 사막’, ‘자갈 사막’도 있고, 북극과 남극처럼 얼음으로 뒤덮인 사막은 ‘한랭 사막’ 중에서도 ‘빙설 사막’이라고 부르지.”

여태껏 모래사막만 있는 줄 알았는데 이처럼 다양한 사막이 있다니 너무 신기했다. 게다가 이곳은 진짜 사막도 아닌데 사막에서 흔히 볼 수 있는 사구가 발달했다는 것도 특이하게 느껴졌다.

“그나저나 알로, 해안 사구면 근처에 바다가 있다는 거지? 아까부터 바람이 불 때마다 바다 냄새가 나는 것도 그렇고.”

“그래. 이제 우리는 바다로 갈 거니까 꽉 잡아!”

알로의 말이 끝나기가 무섭게 담요가 다시 공중으로 날아올랐다. 높이 올라가서 아래를 보니 희귀한 광경이 펼쳐졌다. 모래 언덕에 있을 때는 분명 황량한 모래사막 같았는데, 바로 옆으로 해수욕장을 낀 푸른 바다가 출렁이고 있었다. 그뿐만이 아니었다. 소나무가 숲을 이루고 있는 곳도 있고, 물이 저장된 습지도 보였다.

담요는 신두리 해수욕장의 모래사장 위에 우리를 내려놓았다.

"해안 사구는 바닷모래가 바람에 의해 끊임없이 육지로 옮겨 쌓이며 만들어지는데, 신두리 해안 사구는 길이가 약 3.4km, 폭은 약 0.5~1.3km로 해안선을 따라 남북 방향으로 길게 뻗어 있지. 탐방로가 아주 잘 가꾸어져 있어서 많은 사람이 찾는 관광지로도 유명해."

"우아, 바람이 이렇게 거대한 모래 언덕을 만들어 냈다니. 정말 대단하다!"

알로의 설명을 듣고 나니 볼을 스치는 바람이 다르게 느껴졌다.

"그런데 바람 혼자 한 일은 아니야. 바람을 도와 바닷모래를 쉽게 쌓아 올려 주는 멋진 친구들이 있어."

"정말? 누군데? 모래를 쓱쓱 담아 척척 옮겨 주는 굴착기를 닮은 친구일 것 같아."

나는 기대에 가득 찬 눈으로 알로를 바라보았다. 빨리 그 멋진 친구들을 보고 싶었다.

"쉿! 마침 나타났어."

"어디, 어디? 대체 어디에 나타났다는 거야?"

"모래 바닥을 잘 봐. 구멍을 뚫고 나온 '엽낭게'가 안 보여?"

"설마, 저기 기어다니는 콩알만 한 게 말이야?"

"맞아. 몸길이는 1cm 정도밖에 안 되지만, 사구를 만드는 데 공이 매우 커. 엽낭게는 모래 속에 있는 플랑크톤이나 유기 물질을 걸러서 먹은 다음 깨끗해진 모래를 동글동글한 경단 모양으로 뱉어 내. 이 '모래 경단'은 수분이 빠져 있어서 햇볕에 잘 마르지. 그래서 가벼워진 모래 경단이 바람에 밀려 육지까지 쉽게 옮겨질 수 있는 거야."

나는 엽낭게가 부지런히 모래 경단을 만드는 모습을 넋 놓고 바라보았다. 그러다 문득, 모래 언덕 말고는 딱히 볼 것도 없는 이곳을 천연기념물로 정해서 보호하고 있다는 사실이 이상하게 느껴졌다.

“알로, 해안 사구는 모래만 잔뜩 쌓여 있는 쓸모없는 땅 같은데, 왜 중요하다는 거야?”

“이렇게 잔뜩 쌓인 모래가 천연 방파제 역할을 하거든.”

“천연 방파제? 방파제는 파도가 육지로 넘어오는 것을 막아 주는 둑이잖아. 고작 이 부드러운 모래 언덕이 그런 엄청난 역할을 한다고?”

"맞아. 해안 사구는 태풍이나 해일이 닥치면 스펀지처럼 충격을 흡수해. 또 폭풍우가 일어 해변의 모래가 쓸려 나가면 사구에 쌓여 있던 모래를 다시 해변으로 보내서 해안선이 급격하게 깎이는 것을 막기도 해. 평소에는 스며든 빗물을 저장해서 바닷물이 육지로 쉽게 들어오지 못하게 하고."

"아, 듣고 보니 해안 사구가 왜 중요한지 알겠어."

고개를 끄덕이며 알로를 바라보자, 알로가 내 손을 잡아끌었다.

"이제 다시 신두리 해안 사구 쪽으로 가 보자. 아까 본 모래 언덕 말고도 해안 사구에서만 자라는 식물을 만날 수 있어."

"잠깐만, 식물? 모래만 잔뜩이던데 식물이 자란다고?"

"겉보기엔 물이 없는 것처럼 보이지만, 사실 해안 사구 밑에는 지하수가 아주 풍부해. 그래서 이곳 식물들은 대부분 뿌리를 깊게 내리고 땅속줄기로 자라지. 갯메꽃, 갯씀바귀, 갯그령, 갯방풍, 갯쇠보리 같은 식물들을 볼 수 있어."

"어? 이름에 다 '갯'이 들어가네."

"맞아. 바닷가 가까이에서 자라는 식물 이름에는 '갯' 자를 붙이는 경우가 많거든. 특히 갯메꽃은 5~6월에 나팔꽃을 닮은 분홍색 꽃을 피우는데, 뿌리로 모래를 잡아 주는 역할을 해서 신두리 해안 사구에 없어서는 안 될 소중한 식물이지."

그때 바람을 타고 향긋한 꽃 내음이 코끝을 스쳤다.

"알로, 저기 좀 봐! 자줏빛 꽃들이 무리 지어 피어 있어. 무슨 꽃이지? 꽃향기가 아주 진해. 이런 척박한 모래땅에 저렇게 예쁜 꽃이 피다니, 정말 신기해!"

"아, 저건 '해당화'야. 잎이 두껍고 표면에 털이 많아 수분을 쉽게 뺏기지 않지. 또 뿌리가 아주 길어 사구 밑의 지하수를 잘 흡수할 수 있어. 해당화뿐 아니라 이곳의 사구 식물들은 건조하고 거친 환경을 이겨 내는 저마다의 생존 비법을 가지고 있어."

조금 전까지만 해도 나는 요술 램프를 찾아 쉽게 꿈을 이루려는 헛된 상상에 빠져 있었는데, 힘든 환경 속에서도 열심히 자기만의 꽃을 피워 내는 해당화를 보니 부끄러운 마음이 들었다.

'그래! 해당화를 한 송이 꺾어 가서 힘들 때마다 보며 힘을 얻자. 응원 부적처럼 말이지.'

이런 생각을 하며 해당화 쪽으로 손을 쑥 내밀었다.

그런데 갑자기 담요가 나를 둘둘 말기 시작했다. 마법 양탄자인 줄

알았더니, 옛이야기 속에 나오는 멍석? 난 마치 멍석말이당하는 죄인 처럼 담요에 묶였다. 그러자 알로는 어디서 났는지 억새를 엮어 만든 방망이를 꺼내더니, 나를 내려치려는 듯 번쩍 치켜들었다.

"으아아악, 사람 살려! 왜 때리려고 해?"

내가 비명을 빽 지르며 눈을 감았다 떴다. 그러자 담요가 스르르 풀리며 어느새 내 방으로 돌아왔다. 알로가 짐짓 엄한 표정으로 말했다.

"힘들게 피운 해당화를 꺾으려 하다니. 꽃은 눈으로만 봐야지!"

구구절절 다 맞는 말이라 입이 열 개라도 할 말이 없었다.

그때 익숙한 향기가 방 안에 확 퍼졌다.

"자, 대신에 해당화 향이 나는 방향제를 걸어 줄게."

어라? 방금 알로가 내게 윙크를 한 건가? 아무튼 토라졌던 마음마저 확 풀리게 하는 기분 좋은 향기였다.

해안 지형의 다채로움 속으로

생태계의 보물 창고, 두웅습지

해안 사구는 물이 잘 스며드는 모래로 이루어져 있어. 그런데 육지에서 흘러온 민물은 바닷물보다 가벼워서 쉽게 섞이지 않거든. 그래서 모래 속을 따라 흐르거나 고이면서 지하수층을 형성해. 이 지하수는 바닷물이 육지로 침입하지 못하게 막아 주는데, 지하수의 높이가 땅보다 높아지면 사구와 산지 사이에 물이 고여 습지가 만들어지지. 이런 과정을 통해 생겨난 곳이 바로 신두리 해안 사구의 '두웅습지'야.

두웅습지는 우리나라 최초로 '사구 습지'로서 그 가치를 인정받아 습지 보호지역으로 지정되었고, 2007년에는 '람사르 습지'로 등록되었어. 그만큼 중요한 습지로 생태적 가치를 인정받은 것이야.

이곳은 조류 약 39종, 양서류 약 14종, 곤충 약 110종, 식물 약 311종 등 수많은 동식물의 삶터이기도 해. 희귀 생물인 노랑부리백로, 물장군, 이끼도롱뇽 등도 볼 수 있어. 이외에도 천연기념물로 지정된 붉은배새매와 황조롱이, 그리고 멸종 위기 야생 동물 2급인 금개구리와 맹꽁이 등이 함께 살아가고 있어.

자연적으로 만들어진 모래 해안 지형

모래 해안은 하천이나 바닷가 바위가 깎이면서 생긴 모래가 파도와 바람에 의해 옮겨져 해안이나 만 주변에 쌓여 만들어져. 대표적인 해안 퇴적 지형인 '사빈'은 주로 해수욕장으로 이용되지. 사빈의 모래가 바람에 날려 육지에 쌓이면 '해안 사구'가, 바다 쪽으로 길게 뻗으면 '사취'가, 육지와 거의 평행하게 쌓이면 '사주'가 만들어져. 사주가 발달하면 사주와 육지 사이엔 '석호'가 생기기도 해. 또 사주가 자라 섬과 육지를 잇는 '육계사주'가 만들어지고, 이렇게 연결된 섬을 '육계도'라고 하지.

그런데 이런 해안 지형을 관광지나 교통로로 무분별하게 개발하면 사빈의 모래가 떠내려가 없어져서 해안 침식이 심해지고, 사구가 파괴되어 태풍이나 해일의 피해도 커질 수밖에 없어. 그렇기 때문에 이를 예방하기 위한 노력이 꼭 필요해.

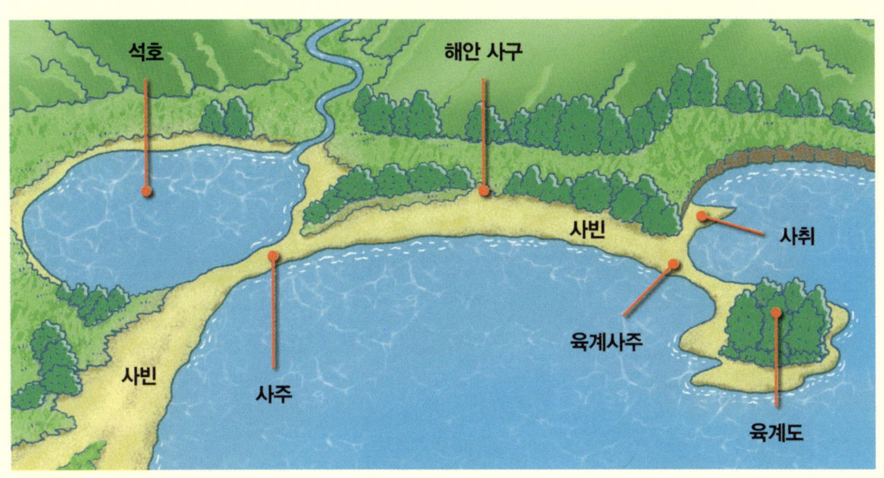

해안 지형

모래 언덕을 따라 떠나는 사구 여행

옥죽동 해안 사구

인천광역시 대청도에는 '한국의 사하라 사막'이라 불리는 '옥죽동 해안 사구(옥죽포)'가 있어. 길이가 약 1.5km로, 바람이 불 때마다 모래가 계속 쌓이고 옮겨지며 지형이 변하는 활동 사구지. 예전에는 약 66만m²에 달하는 거대 사막이었고, 모래바람이 워낙 심해서 '모래 서 말은 먹어야 시

대청도 옥죽포 모래 언덕 전경

집을 간다'는 말이 있을 정도로 인근 주민들의 생활에 큰 불편을 주었어. 그래서 1980년대 후반부터 모래의 이동을 막으려고 소나무 방풍림을 심으면서 지금은 그 피해가 많이 줄었지. 하지만 이젠 사구 면적이 약 5분의 1 수준으로 줄어들어 보전 대책 마련이 시급한 상황이야.

일본의 돗토리 사구

'돗토리 사구'는 일본에서 가장 규모가 큰 해안 사구야. 바닷가에서 낙타를 탈 수 있는 이색적인 관광지로 유명해. 우리가 흔히 생각하는 사막과 달리 겨울에는 하얀 눈이 쌓이고, 가을에는 사구 주변에 보라색 염교 꽃밭이 펼쳐지는 등 계절마다 색다른 매력을 뽐내는 곳이지.

돗토리 사구의 가장 높은 언덕인 '우마노세' 근처에는 비가 고여 생긴 물웅덩이가 있어. 겨울에는 물이 1m 정도 고이기도 하고, 여름에는 물이 완전히 말라 버리기도 해. 그래서 돗토리 사구의 오아시스라 불려.

돗토리 사구

프랑스 아르카숑의 뒨 뒤 필라

프랑스 남서부의 아키텐 지방에는 '아르카숑'이라는 도시가 있어. 길이가 총 7km나 되는 모래사장과 넓고 푸른 바다, 해변을 둘러싼 소나무 숲과 온화한 기후로 프랑스에서 손꼽히는 대표 휴양지야.

이 아르카숑에서 가장 유명한 곳은 유럽의 가장 높은 해안 사구인 '뒨 뒤 필라(Dune du Pilat)'야. 해안가의 모래가 바람에 실려 소나무 숲 위로 쌓이면서 만들어진 거대한 모래 언덕이지. 최고 높이가 약 110m에 달하는 사구 꼭대기에 오르면 아름다운 대서양의 푸른 바다와 소나무 숲을 한눈에 볼 수 있어.

뒨 뒤 필라

아름다운 제주도를 만든 건 무시무시한 화산?

"으, 재수 없는 장공주!"

장공주는 우리 엄마 친구의 딸, 말 그대로 '엄친딸'이다. 나랑 동갑인데 나보다 야무지고 공부도 잘한다며, 엄마는 늘 부러운 듯 말했다. 그때마다 나는 이름이 '공주'가 뭐냐며 본 적도 없는 그 애를 질투했다. 그런데 오늘, 장공주네 가족이 우리 집에 놀러 온 것이다.

사실 장공주를 처음 본 순간 너무 놀랐다. 첫눈에 반한다는 말은 이럴 때 쓰는 걸까? '공주'라는 이름처럼 예쁜 얼굴을 살짝 붉히며 수줍게 인사하는 모습에 내 가슴이 콩닥콩닥 뛰었다.

마침 우리 집에는 둘 다 좋아하는 보드게임이 있었고, 게임에 빠져

들면서 어색했던 분위기는 점점 풀어졌다.

"역시 난 게임의 천재! 이번 판도 내가 이긴 것 같은데!"

막바지에 다다른 보드게임의 승기는 내 쪽으로 확실히 기울어져 있었다. 벌써 세 판째였다. 계속 나만 이겨서 살짝 눈치가 보였지만, 게임을 잘하는 멋진 모습을 장공주에게 자랑하고 싶었다.

"난 이번 방학 때 엄청나게 유명한 영어 캠프에 가. 거기선 아침부터 밤까지 영어로만 말해야 한대."

한동안 말없이 게임에만 집중하던 장공주가 묻지도 않은 방학 계획을 불쑥 이야기했다. 온종일 영어만 하는 캠프라니. 나는 안타까운 마음이 들어 위로를 건네려는데 장공주가 잽싸게 말을 이었다.

"물론 너처럼 공부는 안 하고 게임만 하는 애는 절대로 알 수 없는 세계지!"

아니, 이게 무슨 자다가 봉창 두드리는 소리인가! 보드게임하다가 갑자기 공부 얘기는 왜? 장공주는 자기가 계속 지니까 말도 안 되는 시비를 거는 게 분명했다.

"오, 그래? 난 네가 영어만 쓰며 공부하는 동안 제주도로 여행 갈 거야. 맛있는 것도 많이 먹고 물놀이도 실컷 하며 아주 신나게 놀다

와야지!”

나도 질세라 제주도 여행 계획을 자랑스럽게 떠들어 댔다.

“제주도가 뭐가 좋냐? 그냥 조용한 곳 아니야? 거긴 옛날에 죄인들이 유배 가기도 했던 곳이라던데!”

장공주는 심통이 났는지 벌겋게 달아오른 얼굴로 소리쳤다.

“뭐? 우리나라 대표 관광지, 제주도를 무시하냐? 유배지라니! 괜히 샘나서 그러는 거지?”

나도 맞받아 소리쳤다.

“아니거든! 너랑 게임 안 해!”

장공주는 씩씩거리며 게임판을 엎고 나가 버렸다. 다 이긴 게임이었는데 이런 법이 어딨나! 화가 났지만 이대로 쫓아가서 싸웠다간 나만 엄마한테 혼날 게 뻔했다.

"어린이, 그만 흥분을 가라앉혀. 장공주 말이 맞아. 조선 시대에는 제주도가 대표적인 유배지 가운데 하나였어."

분한 마음에 씩씩대고 있자 알로가 슬그머니 다가와 속삭였다. 장공주가 있을 때는 조용히 충전 중이던 알로가 다시 움직이기 시작한 것이다.

"제주도는 조선의 수도인 한양에서 아주 멀리 떨어진 데다가, 거친 바다를 건너야 갈 수 있는 섬이라서 유배를 보내기에 알맞은 곳이라 생각한 거지. 옛날에는 지금처럼 살기 편한 곳도 아니었고 말이야."

도저히 믿을 수가 없었지만 알로가 거짓말을 할 리는 없었다.

"진짜? 그땐 교통이 발달하지 않았을 테니 제주도를 유배지로 삼았다는 건 그렇다 쳐. 그런데 살기 편하지 않았다니, 그게 무슨 말이야? 유네스코 세계 자연유산으로 지정될 만큼 지금은 아름답고, 누구나 살고 싶어 하는 섬이잖아."

알로는 대답 대신 내 두 손을 덥석 잡았다. 그 뒤 알로의 머리 위로 무지갯빛 광선이 일며 주변을 휘감았다.

"끼아아악, 이게 다 뭐야! 로봇이 왜 사람처럼 말하고, 이 빛은 또 뭐야?"

내 방에 언제 다시 들어왔는지 장공주가 나를 붙들고 물었다. 동시에 우리 주위로 SF 영화 속 타임머신 같은 투명 캡슐이 생겨났다. 하는 수 없이 이번 모험은 장공주도 함께하게 됐다. 나는 장공주에게 알로에 대해 간단히 설명한 뒤 비밀을 꼭 지켜 달라고 신신당부했다.

알로는 투명 캡슐 안쪽에 놓인 터치 패드에 알 수 없는 숫자들을 입력했다.

"이제부터 제주도가 어떻게 만들어졌는지 빠르게 살펴볼 거야. 제주도는 사실 거대한 화산 활동이 여러 차례에 걸쳐 일어난 뒤에야 지금의 아름다운 모습을 갖췄거든. 크게 다섯 시기로 나눌 수 있지."

알로의 말이 끝나자 투명 캡슐이 강한 빛을 번쩍 쏟아 냈다. 그리고 순식간에 눈앞이 어두워졌다.

그때였다. 터치 패드와 연결된 화면 속 숫자가 빠르게 올라가더니, 시간을 타고 거꾸로 흐르듯 주변 풍경이 변했다.

“알로, 무서워! 화산 가까이에 갔다간 우리 모두 뜨거운 용암에 녹아 버릴 거야!”

“걱정하지 마. 투명 캡슐을 통해 가상 체험하는 거니까 안전하다고. 자, 지금 우리는 제주도의 화산 활동이 시작된 약 180만 년 전으로 온 거야.”

어느새 투명 캡슐 밖으로 바닷물이 보였다.

콰과광!

바다 깊은 곳에서 검붉은 용암이 솟구쳐 올랐다. 투명 캡슐도 용암을 따라 순식간에 위로 솟아올랐다.

“첫 번째 시기의 화산 분출은 바닷속에서 일어났어.

긴 시간 동안 뜨거운 용암이 바닷물과 만나 펑 하고 터지는 화산 활동이 이어졌지. 이때 만들어진 화산 물질들이 반복해서 깎이고 쌓이면서 제주도의 바닥이 되는 넓은 땅인 '서귀포층'이 되었어."

가상 체험이라더니, 눈앞에서 시뻘건 용암이 펄펄 끓는데도 전혀 뜨겁지 않았다. 나는 안도의 한숨을 내쉬며 밖을 내다보았다.

"우아! 책에서만 봤던 화산 활동을 이렇게 가까이서 보다니! 진짜 신난다!"

장공주는 두 발을 구르며 호기심 가득한 얼굴로 밖을 바라봤다. 조금 전까지 겁에 질려 내 뒤에 바짝 숨어 있던 모습은 온데간데없었다.

화면 속 시간은 이제 약 120만 년 전으로 흘러와 있었다.

"여전히 내가 아는 제주도의 모습이 아니네. 어어, 알로! 나 좀 잡아줘. 넘어질 것 같아!"

"너, 균형 감각이 꽝이구나. 나처럼 중심을 딱 잡아 봐."

장공주가 요가를 하듯 몸의 균형을 잡으며 나를 놀려 댔다.

이제 좀 잠잠해졌나 싶었던 땅이 또다시 움직이기 시작했다. 끓어오르는 용암이 새로운 분출을 준비하고 있었다.

"자, 두 번째 분출이 일어난 시기야. 이때는 용암이 넓게 퍼지며 펑

평한 용암 대지를 만들었어. 특히 산방산에서 서귀포를 잇는 해안선을 중심으로, 드디어 제주도의 모습이 바다 위로 드러나기 시작했지."

그렇게 화산 활동이 계속되며 제주도의 밑그림이 완성되어 갔다. 우리가 탄 투명 캡슐도 덩달아 쑥쑥 커져서 넓어지는 제주도 땅을 훤히 내려다볼 수 있었다.

"우아, 세상에! 이 넓은 땅이 발아래에 다 들어오다니, 정말 장관이다!"

제주도 여기저기를 지켜보는 중에도 시간은 빠르게 흘러 어느새 약 70만 년 전에 이르렀다.

"알로, 폭발이 또 시작된 거야? 아야!"

투명 캡슐에 바짝 붙어서 밖을 내다보던 나는 갑작스러운 흔들림에 머리를 부딪혔다. 그런 내 모습을 재밌어하는 알로를 노려보며 머리를 문지르는데, 고개를 돌려 보니 장공주도 벌게진 이마를 문지르고 있는 게 아닌가! 그 모습에 나도 모르게 피식 웃음이 터졌다.

"흥, 웃지 마! 알로, 화산이 폭발하려나 봐."

장공주가 나를 살짝 흘겨보고는 알로에게 말을 걸었다.

"맞아. 세 번째 시기에는 섬의 중심부에서 일어난 수십 차례의 용암

분출로 드디어 한라산의 모습이 갖춰지기 시작해. 용암이 흘러가는 걸 잘 살펴봐."

"우아, 어떤 용암은 땅 위를 흘러 바다까지도 가네."

"맞아, 어린이. 저렇게 땅 위로 흐르던 용암의 바깥쪽은 공기와 만나 빨리 식어서 굳고, 그 안쪽으로는 용암이 계속 흘러 지하 통로가 만들어졌지. 그게 바로 용암 동굴이야."

그때, 옆에서 우리의 대화를 듣던 장공주가 끼어들었다.

"그럼, 바다로 흘러간 용암은?"

"식어서 낮은 해안 지역이 되었어. 지금의 제주도 해안선의 바탕이 이때 만들어진 거야."

나는 섬 중심부에 자리한 한라산을 보다가 문득 궁금해졌다.

"근데 한라산은 백두산 다음으로 한반도에서 가장 높은 산이잖아. 지금 보이는 한라산은 낮고 경사가 완만한데?"

"아까 뭐 들었어? 알로가 크게 다섯 시기의 분출이 있었다고 했잖아. 또 화산이 분출해서 쌓이며 높아졌겠지."

장공주가 뭐 그런 당연한 걸 묻느냐는 듯 한심하게 나를 쳐다봤다.

"맞아! 공주가 잘 듣고 있었네. 그사이 벌써 30만 년 전까지 왔어.

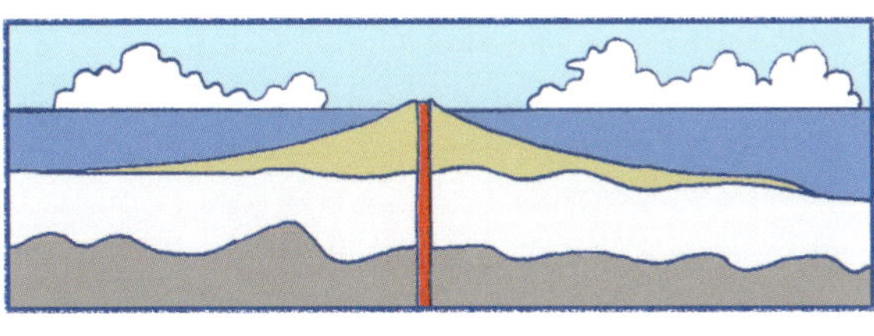

제1분출기
(120만 년 이전)
– 기저 형성

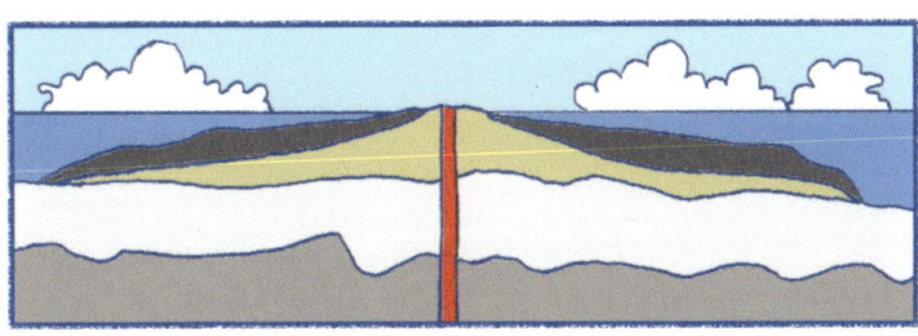

제2분출기
(120만 년 전~70만 년 전)
– 원시 제주도 형성

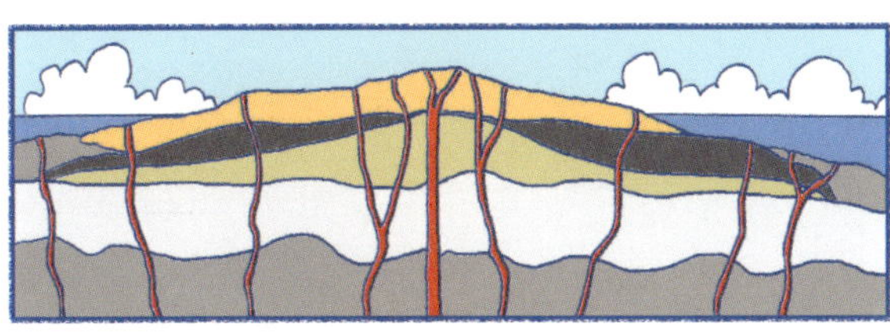

제3분출기
(70만 년 전~30만 년 전)
– 해안 저지대 형성

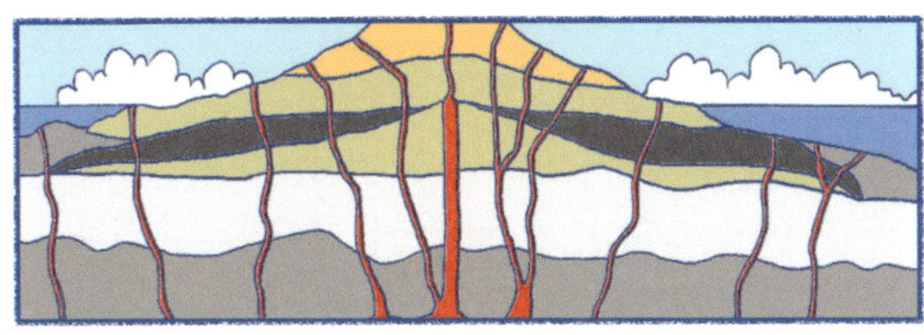

제4분출기
(30만 년 전~10만 년 전)
– 한라산 화산체 형성

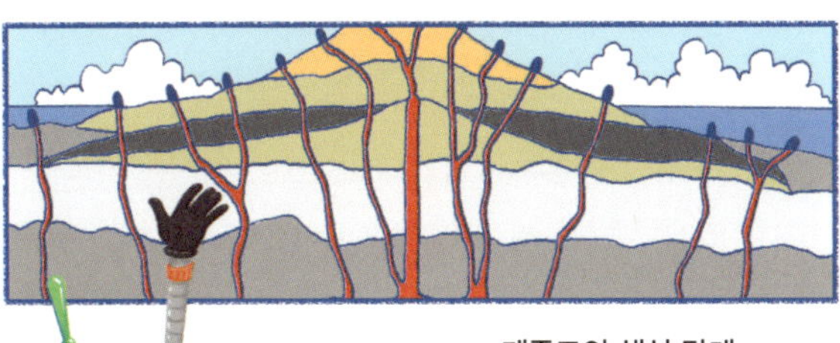

제5분출기
(10만 년 전~2만 5천 년 전)
– 기생 화산 형성

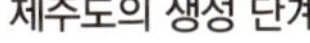

제주도의 생성 단계

네 번째 분출이 일어난 시기야."

다시 시작된 엄청난 화산 분출로 투명 캡슐이 이리저리 심하게 덜컹거렸다.

"깜짝이야! 다시 봐도 화산 활동은 정말 어마어마해. 어? 이번엔 용암이 멀리 퍼지지 않네?"

"그러게. 찐득한 콧물 같아."

용암을 콧물에 비유한 내 표현이 마음에 들지 않았는지 장공주가 눈살을 찌푸렸다. 어쨌거나 전과 다른 용암의 모습이 흥미로웠다.

"이번 용암은 점성이 높아서 멀리까지 흘러가지 않고 주로 화산 분화구 주변에 쌓였어. 그래서 한라산 꼭대기가 지금처럼 가파르고 우뚝 솟은 모양이 된 거야."

"와, 이제야 우리나라에서 최고로 높은 한라산의 모습을 갖췄네."

화면의 숫자가 빠르게 움직여 약 10만 년 전에 이르자, 드디어 다섯 번째 화산 분출기가 시작됐다.

"마지막 시기에는 한라산 주변에서 여러 차례 화산 분출이 일어나 기생 화산들이 생겼어. 기생 화산은 큰 화산의 중턱이나 기슭에 생겨난 작은 화산을 뜻하는데, 제주도에서는 '오름'이나 '악'이라고 불러.

제주도에는 약 368개의 오름이 있다고 해."

"이야, 지금의 제주도가 만들어지기까지 이렇게 오랜 화산 활동을 거쳤다니 정말 놀라워!"

장공주가 양손을 가슴 앞에 모아 쥐며 감탄을 금치 못했다.

"알로, 저기 좀 봐. 한라산 꼭대기에 움푹 파인 모양이 꼭 목욕탕 의자 같아!"

나는 목욕탕에서 아빠의 등을 밀어 줄 때 앉았던 작은 의자를 떠올리며 한라산 정상을 가리켰다.

"오, 눈썰미 좋은데? 제주도 설화에 따르면 '설문대할망'이라는 거대한 여신이 제주도를 만들었대. 몸집이 워낙 커서 한라산을 의자 삼으려고 했는데 앉기가 불편해서 꼭대기를 떼어 던져 버렸다고 해."

"듣고 보니 거대한 한라산에 걸터앉은 여신의 모습이 상상된다!"

장공주는 마치 자기가 여신이라도 된 양 그 모습을 흉내 냈다.

"근데 물이 고여 있어서 그냥 앉으면 엉덩이가 축축하겠는걸?"

내가 장공주의 상상에 찬물을 끼얹었다. 젖은 의자에 앉았다고 생각하니 절로 미간이 찌푸려졌다. 장공주의 표정도 나와 비슷했다.

"저건 한라산 분화구에 빗물이 고여 만들어진 화구호 '백록담'이야.

백록담

흰 사슴이 이곳의 물을 마셨다는 전설에서 유래된 이름이지."

"어머, 내 이름처럼 아주 멋진 이름이다. 한라산에 사슴이 많이 산다는 이야기는 나도 들은 적 있어."

장공주가 알은체하며 맞장구쳤다.

그새 시간은 빠르게 흘러 제주도의 모습이 거의 갖춰지고 있었다. 알로는 투명 캡슐의 속도를 늦추며 산방산 아래쪽 해안을 가리켰다.

"저기 좀 봐. 절벽에 물결무늬 가로줄이 보이니?"

"저건 '층리'잖아. 과학책에서 본 적 있어."

장공주가 또 잘난 척하며 나섰다.

"맞아. 제주도가 처음 만들어질 즈음 생긴 '용머리 해안'이야. 바다 밑에서 화산이 폭발할 때 쌓인 화산재가 오랫동안 파도와 바람에 깎여 저런 절벽이 되었지. 꼭 바다로 들어가는 용의 머리를 닮았다고 해서 붙여진 이름이야."

"멋지다! 알로, 저쪽 해안 절벽에도 특이한 기둥들이 모여 있어."

내가 가리킨 해안가에는 마치 연필을 묶어 놓은 듯한 검은 돌기둥들이 병풍처럼 둘러쳐져 있었다.

용머리 해안

"아, '제주 중문 · 대포해안 주상절리대'를 봤구나. 우리나라 최대 규모의 주상절리로 천연기념물 제443호야."

"주상절리? 그게 뭔데?"

"뜨거운 용암이 차가운 공기나 물을 만나 급하게 식으면 사각형이나 오각형, 육각형 모양으로 줄어들어. 그렇게 줄어든 모양대로 수직으로 길게 만들어진 기둥이 바로 '주상절리'야."

알로와 대화하는 동안에도 투명 캡슐의 시간은 계속 흐르고 있었다. 그리고 제주도의 풍경 속에 사람들의 모습이 보이기 시작했다.

제주 중문 · 대포해안 주상절리대

"알로, 저기에 사람들이 모여 살고 있는데, 정말 제주도가 살기 힘든 척박한 땅이었던 거 맞아?"

나는 장공주에게까지 들리도록 큰 소리로 알로에게 물었다.

"응. 그 이유는 돌과 물에 있지."

돌과 물이라니? 알로가 알쏭달쏭한 말을 했다. 나는 그 이유를 찾으려고 돌을 유심히 살펴봤다.

"집과 밭을 둘러싼 검은 돌담들이 보이네. 저기 돌하르방도! 가만 보니 돌에 구멍이 숭숭 뚫려 있어."

"제주도 땅은 대부분 '현무암'으로 덮여 있어. 현무암은 용암이 급하게 식으면서 화산 가스 등이 빠져나가 구멍이 뚫린 돌이지. 그런데 이 구멍으로 물이 다 빠져 버려서 물을 구하기가 쉽지 않았어. 대신 지하수가 해안 가까이에서 샘물로 솟았는데, 이걸 '용천수'라고 해. 그래서 사람들은 물을 구하려고 용천수가 나오는 해안가 쪽에 모여 살았지."

알로의 말을 듣고 보니, 정말 바닷가 주변에 마을이 있었다.

"그런데 알로, 우리나라 사람들의 주식은 쌀이잖아. 벼농사에는 물이 꼭 필요하다고 배웠는데."

장공주가 자기 일이라도 되는 양 걱정스러운 얼굴로 말했다.

“그래. 벼농사는 논에 물을 대어 놓아야 하는데 물이 다 빠져 버리니 농사짓기 힘들었지. 그래서 쌀이 아주 귀했고, 대부분 밭농사를 지었어. 넉넉하지 않은 살림에 여자들은 해녀가 되어 물질을 나갔고, 남자들은 고기잡이하러 바다로 나가야 했지. 편히 살긴 어려웠어.”

이제 투명 캡슐은 아름답고 화려한 지금의 제주도에 와 있었다.

“알로, 우리 제주도에서 놀다 가자! 여기서 나가게 해 줘.”

계속해서 아웅다웅하던 나와 장공주였지만, 이번만은 약속한 듯 한 목소리로 외쳤다.

“물론 나가게 해 줘야지. 잠깐만 기다려!”

알로가 투명 캡슐 안의 터치 패드를 조작하는 동안, 우리는 설레는

마음을 감출 수 없었다.

투명 캡슐의 문이 열리며 강한 빛이 쏟아져 들어와 나는 눈을 질끈 감았다.

밖으로 나가자, 아니, 여긴? 내 방? 알로, 너 진짜!

"어린이들! 물맛이 좋기로 유명한 제주도의 화산 암반수나 마셔라! 제주도 여행은 나 빼고 알아서들 가라고!"

알로는 우리 앞에 생수 한 잔씩을 내주고는 충전에 들어갔다.

그때, 밖에서 장공주를 부르는 목소리가 들렸다.

"공주야, 늦겠다. 어서 집에 가자!"

장공주가 방을 나서려다 말고 나를 돌아봤다.

"덕분에 즐거웠다. 근데 알로, 나 주면 안 되냐?"

"무슨 소리야? 알로는 단순한 돌봄 로봇이 아니라고!"

장공주가 내 든든한 형제나 다름없는 알로를 넘보다니, 나도 모르게 흥분해서 목소리가 높아졌다.

"칫, 됐어! 나, 진짜 간다."

장공주는 아쉬운 듯 입맛을 다시며 알로를 흘깃대다 집에 갔다.

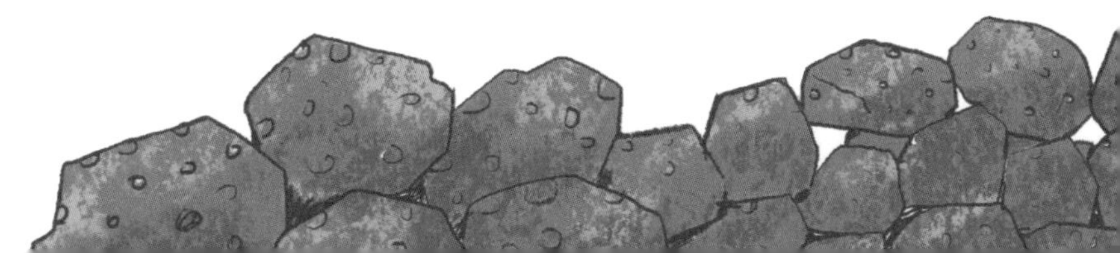

같은 화산섬, 하지만 다른 모습

울릉도와 독도도 제주도처럼 화산섬이야!

사람들이 흔히 독도를 '작은 섬' 혹은 '막내 섬'이라고 부르는데, 사실 만들어진 순서로 보면 독도가 제주도와 울릉도보다 형님이야. 세 섬 중에서 가장 먼저 만들어졌거든. 독도는 약 460만 년 전에서 250만 년 전 사이, 바다 밑에서 솟아오른 용암이 바닷물과 빗물에 식고 굳으며 높아져서 바다 위로 모습을 드러냈어. 그래서 우리 눈에 보이는 부분보다 물속에 잠겨서 안 보이는 부분이 훨씬 크지.

그다음으로 만들어진 울릉도는 약 250만 년 전에서 1만 년 전 사이에 여러 차례 화산 활동으로 생겨난 섬이야. 먼저 바다 밑에서 용암이 분출했는데, 그 과정에서 용암이 계속 쌓이며 섬이 바다 위로 솟아올랐지. 마지막에는 격렬한 화산 폭발로 화산재와 암석 조각들이 쌓여 지금처럼 절벽이 많고 경사가 심한 화산섬이 되었어.

제주도는 약 180만 년 전부터 형성되기 시작했어. 여러 번의 화산 활동으로 지금처럼 넓고 큰 섬의 모습을 갖추었지. 이렇듯 만들어진 시기로만 보면 제주도가 가장 막내라고 할 수 있어.

똑같은 화산섬인데 땅 모양이 다른 이유는 뭘까?

울릉도는 전체적으로 경사가 급하고 종처럼 생겨서 '종상 화산'이라 부르고, 제주도는 산방산과 한라산 꼭대기를 제외하면 대부분 경사가 완만하여 마치 방패를 엎어 놓은 모양을 하고 있어 '순상 화산'이라고 해.

이런 차이가 나는 이유는 용암 때문이야. 울릉도의 용암은 서로 뭉치려는 성질인 점성이 강해서 잘 흐르지 않아 가파른 지형이 된 반면, 제주도는 점성이 약한 용암이 멀리 퍼지면서 넓고 평평한 땅이 많이 생기게 된 거지.

울릉도와 제주도는 꼭대기의 모습도 다르게 생겼어. 제주도는 용암이 솟아 나온 분화구에 물이 고여 '백록담'이 생겼고, 울릉도는 분화구 주변이 무너지고 넓어져서 '나리 분지'라는 평지가 되었지.

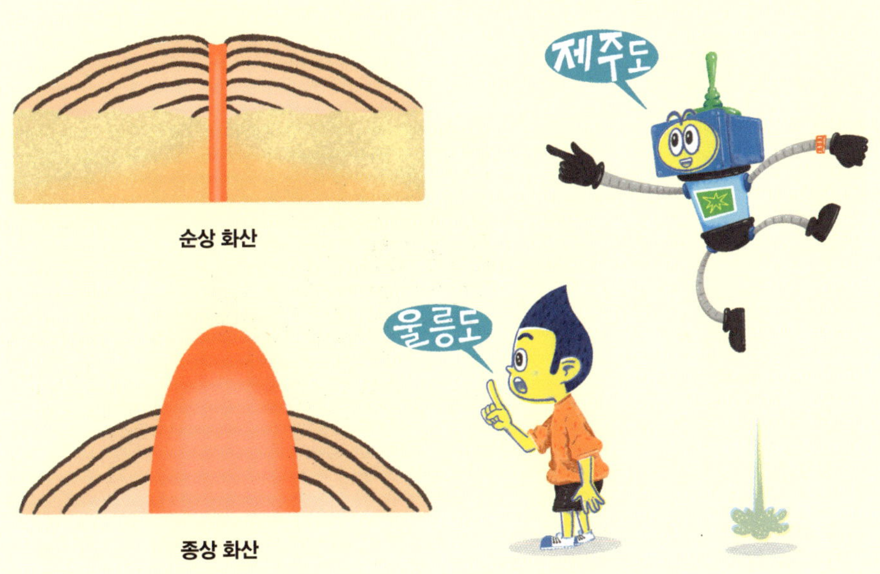

순상 화산

종상 화산

세계가 놀란 화산섬, 제주도 속으로

세계적으로도 희귀한 제주도의 용암 동굴 생성물

보통 석회 동굴에 생기는 종유석, 석순, 석주를 제주 '당처물동굴'과 '용천동굴' 같은 용암 동굴에서도 볼 수 있어.

그 비밀은 조개나 고둥 같은 해양 생물들이 죽은 후 부서져서 만들어진 '석회질 모래(주성분 탄산칼슘)'에 있지.

비가 오면 빗물이 모래 사이로 스며들며 탄산칼슘을 녹여 땅속으로 내려가. 그 물이 동굴 천장 틈에서 한 방울씩 떨어질 때 기체가 빠져나오며 탄산칼슘이 다시 굳어 천장엔 종유석이, 바닥엔 석순이 자라게 되는 거지. 그리고 이 종유석과 석순이 아주 오랜 시간 자라 서로 만나면 '석주'가 돼. 용암 동굴에서 이런 풍경이 생기는 건 정말 드문 일이야.

용천동굴 내 석회 생성물

제주도의 유네스코 세계 자연유산

• 만장굴

'만장굴'은 제주도의 오름인 '거문오름'에서 흘러나온 용암이 땅 위를 흐르다가 표면은 급격하게 식고, 안쪽의 용암은 해안을 향해 뻗어 나가는 과정에서 만들어진 용암 동굴이야. 전체 길이 약 7.4km, 최대 높이 약 23m, 최대 폭은 약 18m로, 세계적으로 손꼽히는 긴 용암 동굴이지. '천연기념물 제98호'로 제주 김녕굴과 함께 등록되어 있어.

만장굴

• 한라산 국립 공원

한라산은 제주도의 중심 봉우리로 해발 1,950m인 우리나라에서 가장 높은 산이야. 정상에는 최대 깊이 약 108m의 타원형 분화구 '백록담'이 있고, 절벽과 오름 등 다양한 화산 지형을 볼 수 있지. '한라산 국립 공원'은 보호를 위해 이용이 제한되어 생태계가 잘 남아 있어.

또 높이에 따라 자라는 식물이 달라지는 '수직 분포'가 뚜렷해. 식물은 약 2,000종이 서식하며 동식물을 합쳐 약 4,600종이 보고될 만큼 생물이 다양해 '살아 있는 생태 공원'이라고도 불리지.

• 성산 일출봉

'성산 일출봉'은 얕은 바다에서 해저 화산이 분출해 생겼어. 약 6700년 전부터 바다 밑에서 용암이 바닷물과 만나 "펑!" 하고 폭발하는 일이 여러 차례 일어났고, 그때 나온 화산재가 차곡차곡 쌓이면서 성산 일출봉이 만들어졌단다. 그 뒤 오랜 시간 파도와 바람에 깎이며 지금의 모습이 되었지. 원래는 섬이었는데 육계사주로 제주도와 연결되었어. 세계적으로 희귀한 화산 언덕 지형으로, 우수한 보존 상태와 뛰어난 경관, 화산학적 연구 가치를 인정받아 2007년에 '유네스코 세계 자연유산'으로 등재되었지.

성산 일출봉

쿡쿡쿡
바보
ㅋㅋ
메롱

작가의 말

지리는 세상에 대한 궁금증을 풀어 줄 중요한 열쇠랍니다.

여러분은 이런 생각을 해 본 적이 있나요?

“왜 산마다 모양이 다를까?”

“강과 호수의 차이는 뭐지?”

“갯벌이나 동굴, 사막 같은 건 어떻게 생기는 거야?”

이런 궁금증은 우리가 살고 있는 세상을 더 잘 이해하기 위한 시작점입니다. 그리고 그 답을 찾아가는 길에 ‘지리’가 든든한 길잡이가 되어 줄 거예요.

혹시라도 지리를 나라 이름이나 지도 기호를 외워야 하는 어렵고

지루한 과목이라고 생각하고 있나요? 그렇다면 이제부터 지리를 조금 다른 눈으로 바라봐 주세요.

지리는 우리가 사는 세상 곳곳의 다양한 모습을 알아 가도록 안내하는 '보물 지도' 같아요. 세상이 어떻게 만들어지고, 또 어떻게 움직이는지도 함께 배울 수 있지요.

지리는 크게 두 가지로 나눌 수 있어요. 하나는 강, 산, 바다처럼 자연이 만들어 낸 지구의 모습을 배우는 '자연 지리', 그리고 다른 하나는 사람들이 자연 속에서 어떻게 살아가고, 무엇을 만들어 내며, 어떤 선택을 하는지를 배우는 '인문 지리'랍니다.

예를 들어 제주도가 화산 활동으로 만들어진 섬이라고 배우는 것은 '자연 지리'예요. 그런데 화산재와 현무암으로 이루어진 땅은 물 빠짐이 좋고 미네랄이 풍부해서 감귤 농사가 잘된다는 이야기는, 자연환경이 사람들의 삶과 일에 어떤 영향을 주는지를 보여 주는 '인문 지리'죠. 이렇게 자연과 인간의 삶이 연결되어 있다는 걸 아는 게 바로 지리 공부의 재미랍니다.

이렇듯 지리는 우리의 삶과 아주 가깝게 맞닿아 있어요. 비행기 조종사나 선장이 되고 싶다면 목적지를 잘 찾고, 그곳의 환경과 문화를 제대로 이해해야겠지요. 세계를 여행하는 유튜버나 기자가 되고 싶어도 마찬가지예요. 또 태풍, 지진, 홍수 같은 자연재해에 대비하려면 지리적 지식을 아는 게 꼭 필요하답니다. 이뿐만이 아니에요. 주말에 떠나는 가족여행, 친구들과 뛰어노는 동네, 심지어 인터넷에서 게임을 하거나 정보를 검색할 때도 지리는 우리와 함께하고 있어요.

어때요? 이젠 지리와 친해질 마음이 생겼나요?

이 책을 읽다 보면 우리를 둘러싼 자연과 그 속에서 살아가는 인간 세상에 대해 두루 알게 될 거예요. 그러다 보면 세상이 얼마나 흥미롭고 신기한 곳인지, 어느 순간 눈에 보이기 시작할지도 모릅니다.

이제 여러분이 작은 탐험가가 되어, 이 책을 지도 삼아 세상 곳곳을 탐험해 보는 건 어떨까요?

건강한 호기심으로 세상을 탐구하며 배우는 여러분이 되기를 바랍니다.

여러분의 탐험을 응원하는

서민

이미지 출처

26쪽
해동지도 남한산성, 서울대학교 규장각한국학연구원
(서울대학교 중앙도서관 소장 자료)

28쪽
티베트고원, 셔터스톡

44쪽
다도해 해상 국립 공원, 셔터스톡

63쪽
나일강 삼각주, 셔터스톡

79쪽
순천만 습지, 셔터스톡

80쪽
창녕 우포늪, 셔터스톡

93쪽
동굴 진주, 셔터스톡

99쪽
매머드 동굴, 셔터스톡

100쪽
루레이 동굴의 종유석 파이프 오르간, 셔터스톡

109쪽
경포호, 셔터스톡

116쪽
화진포, 셔터스톡

117쪽
번포, OpenStreetMap contributors
(openstreetmap.org/copyright)

118쪽
바이칼 호수, 셔터스톡

136쪽
2010년 7월 31일 대청도 옥죽포 모래 언덕 전경,
인천광역시 옹진군, 공공누리(www.kogl.or.kr)

137쪽
돗토리 사구, 셔터스톡

138쪽
뒨 뒤 필라, 셔터스톡

152쪽
백록담, 셔터스톡

153쪽
용머리 해안, 셔터스톡

154쪽
제주 중문 · 대포해안 주상절리대, 셔터스톡

160쪽
용천동굴 내 석회 생성물, 제주콘텐츠진흥원,
공공누리(www.kogl.or.kr)

161쪽
만장굴, 셔터스톡

162쪽
성산 일출봉, 제주콘텐츠진흥원,
공공누리(www.kogl.or.kr)

순간 이동 한국 지리 : 수상한 AI 로봇 알로 지형 편

초판 1쇄 발행 2026년 2월 26일

글 서민 | **그림** 한호진
펴낸곳 올리 | **펴낸이** 이원주
기획편집 최현정 장혜란 정선우 | **디자인** 전성연 김다현
책임마케팅 이홍균 박미진 | **마케팅** 정주호 양근모 권금숙 양봉호 신하은 현나래
디지털콘텐츠 최은정 | **해외기획** 우정민 배혜림 정혜인
경영지원 김현우 강신우 이윤재 | **제작** 이진영

출판등록 2006년 9월 25일 제406-2006-000210호
주소 서울시 마포구 월드컵북로 396 누리꿈스퀘어 비즈니스타워 18층
전화 02-6712-9800 | **팩스** 02-6712-9810
이메일 allnonly.book@gmail.com | **인스타그램** @allnonly.book

ISBN 979-11-24070-63-5 74980 | ISBN 979-11-24070-62-8 (세트)